Sprechen, Zuhören, Spielen ; Schreiben ;
Lesen und Literatur – Umgang mit Texten und Medien

R, G, S Rechtschreibung, Grammatik, Sprachbetrachtung

Sich und andere vorstellen

Ich heiße Igor. Seit fünf Jahren lebe ich mit meiner Familie in Deutschland. Geboren bin ich in Russland. Mit Mama und Papa spreche ich Russisch. Ich bin ein Computerfreak*. Die meiste Freizeit verbringe ich am Computer. Außerdem sammle ich Sticker.

Ich heiße Anna. Mein Hobby ist Musik hören. Ich habe noch vier kleinere Geschwister: eine Schwester und drei Brüder. Oft helfe ich den Kleinen. Bei uns zu Hause ist immer was los! Manchmal ist das aber auch ziemlich nervig, besonders wenn sich die Zwillinge streiten. Am liebsten esse ich Pizza.

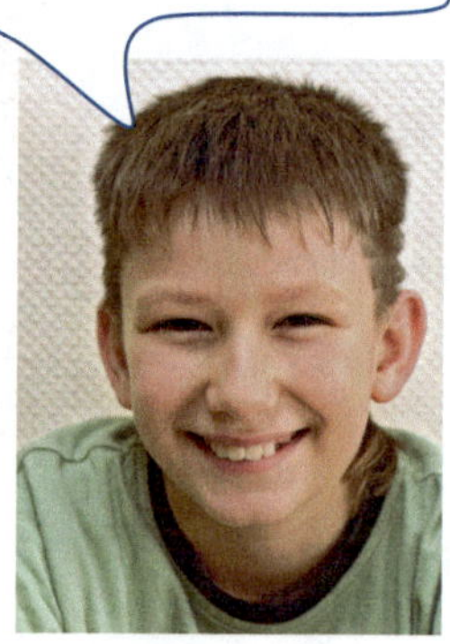

Mein Name ist Ferhat. Das ist ein türkischer Name. Aber in der Türkei war ich bis jetzt nur einmal in den Ferien. Zu Hause sprechen wir Türkisch. Zur Schule fahre ich mit dem Fahrrad. Nur im Winter laufe ich. Ich spiele gerne mit meinen Freunden Fußball. Später will ich Fußballtrainer werden.

Ich heiße Stefanie, aber alle rufen mich Steffi. Ich bin in Worms geboren. Das liegt am Rhein. Leider kann ich nur eine Sprache: Deutsch. Im Urlaub war ich in Spanien. Ich interessiere mich für Pferde und lese gerne Pferdebücher. Oft treffe ich mich auch mit meinen Freundinnen.

* *Computerfreak: jemand, der von Computern begeistert ist.*

1 Lies und schreibe. Wähle die wichtigsten Informationen aus.

Sie heißt Anna. Ihr Hobby ist Musik hören. Sie hat ____________________

____

____

Sein Name ist Ferhat. ____________________

____

____

Er heißt Igor. ____________________

____

____

Ihr Name ist Stefanie. ____________________

____

____

2 Schreibe die Fragen auf, die du deinem Partner oder deiner Partnerin stellen willst.

1. Welchen Schauspieler oder welche Schauspielerin magst du am liebsten?
2. Welche Sprache
3. Womit beschäftigst du dich
4. Welchen Beruf möchtest du später
5. Wer gehört zu
6. Welches Haustier
7. Welche Rockgruppe gefällt
8. Welcher Popstar
9. Was liest
10. Welches Musikinstrument

3 EXTRA Stelle dich in einem Steckbrief vor. Nutze dazu die folgenden Stichworte,
z. B.: Ich heiße … und bin 11 Jahre alt …

Name, Alter, Muttersprache, Fremdsprachen, Herkunft, Familie, Hobbys, Haustiere, Lese-, Fernseh-, Musik- und Sportinteressen, Freunde, Lieblingsfach, Stärken und Schwächen, Lieblingsspeisen, Berufswunsch

Du kannst auch ein lustiges Foto einkleben.

Das bin ich:

Von unserem Schulfest

Seit drei Wochen weiß es jeder an unserer Schule: Übermorgen ist Drachenfest. Heute berät der Festausschuss zum letzten Mal.
Frau Berger, die Mutter von Annika aus unserer 5a, spricht mit allen über den Stand der Vorbereitungen. „Wie sieht es mit den Materialien für die einzelnen Stationen aus?“, fragt sie. Dann liest sie ihre Liste vor. Als Station 8 dran ist, erschrickt Sinan. Ihm fällt ein, dass er noch Tennisbälle braucht. Die leeren Konservendosen hat er schon gesammelt. Peinlich ist es ihm! Er vergisst sonst selten etwas. Aber gleich hilft ihm Luisa: „Die Bälle bringe ich mit.“ Das geht also auch klar.
Zum Schluss sagt Frau Berger: „Nachher trifft sich noch die Jury, damit es auch mit der Bewertung der Drachen klappt. Also dann: Bis Freitag!“

1 Schreibe die markierten Verbformen heraus. Ergänze die Grundform/den Infinitiv.

weiß – wissen, ______________________________

____

____

____

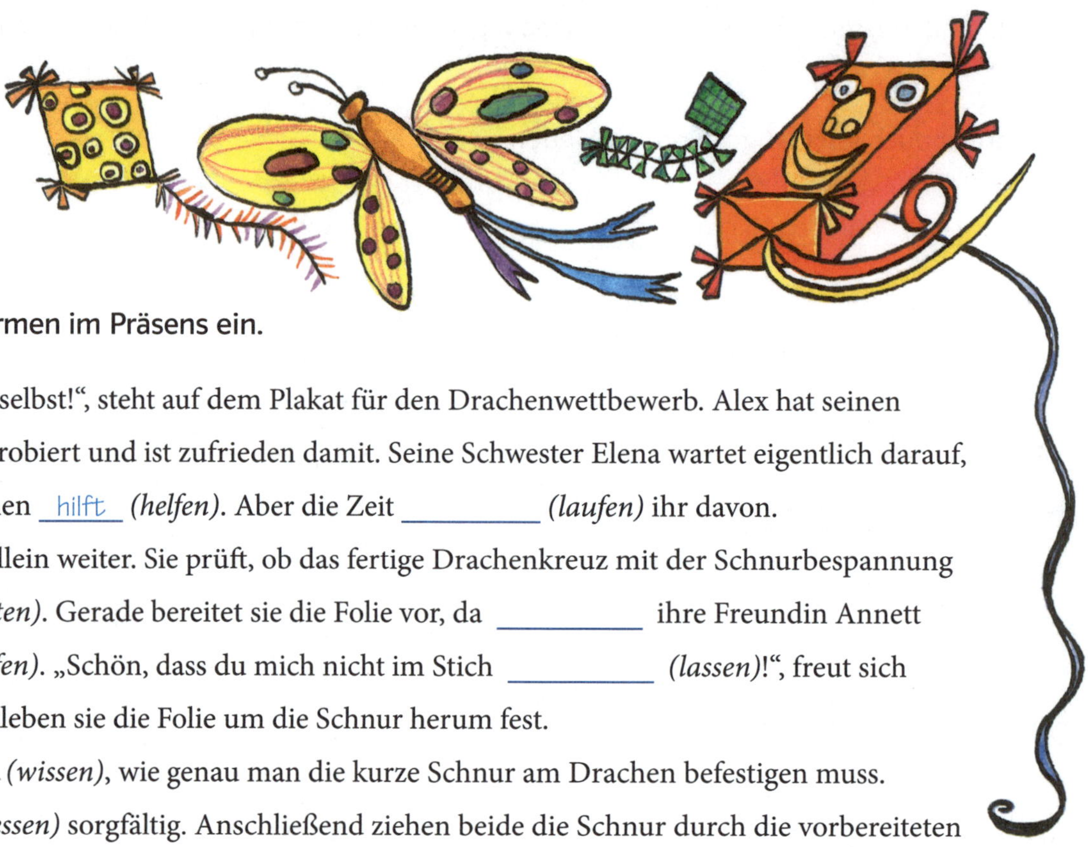

2 Setze die Verbformen im Präsens ein.

„Baut eure Drachen selbst!“, steht auf dem Plakat für den Drachenwettbewerb. Alex hat seinen Drachen schon ausprobiert und ist zufrieden damit. Seine Schwester Elena wartet eigentlich darauf, dass er ihr ein bisschen hilft (*helfen*). Aber die Zeit __________ (*laufen*) ihr davon.
So baut sie einfach allein weiter. Sie prüft, ob das fertige Drachenkreuz mit der Schnurbespannung gut __________ (*halten*). Gerade bereitet sie die Folie vor, da __________ ihre Freundin Annett __________ (*eintreffen*). „Schön, dass du mich nicht im Stich __________ (*lassen*)!“, freut sich Elena. Gemeinsam kleben sie die Folie um die Schnur herum fest.
Annett __________ (*wissen*), wie genau man die kurze Schnur am Drachen befestigen muss.
Sie __________ (*messen*) sorgfältig. Anschließend ziehen beide die Schnur durch die vorbereiteten Löcher und verknoten sie an der Metallöse des Drachenkreuzes. Hier __________ (*bringen*) Elena auch die Drachenleine an. Zum Schluss knoten die Mädchen an den Ecken bunte Papierschwänze fest. „Auf zum Testflug!“, sagt Annett. „Anmalen __________ (*können*) du den Drachen nachher noch.“

3 Lies zuerst den Text. Markiere dann alle Verben mit *sich* (8).

„Schni-schna-schnappi!" …

So hört man es laut über den Schulhof schallen. Alle Zuschauer amüsieren sich, denn neun kleine „Tabalugas" tanzen zum Gesang eines kleinen Krokodils, das sich sonst Anna nennt.
Die tolle Stimmung ändert sich auch nicht bei den nächsten Darbietungen: Mini-Playback-Show, Pantomime, Schlangentanz und vieles mehr. Jede Klasse hat sich etwas Originelles ausgedacht. Herr Tischbein, unser Hausmeister, hält sich den Bauch vor Lachen. Das hätte er Mario niemals zugetraut, dass er berühmte Künstler so gut nachahmen kann. Super, Mario! Die meisten Schülerinnen und Schüler vergnügen sich bestens. Einige freuen sich jedoch mehr auf das Drachensteigen. Sie fragen sich immerzu: Ob mein Drachen wohl gewinnen wird?

4 Ergänze die richtige Form.

Endlich ist es so weit. Die Wettkämpfer treffen sich mit ihren Drachen auf dem Schulsportplatz. Unser Direktor, Herr Mannheimer, erkundigt ________ bei der Jury, ob alle bereit sind. Dann lässt Oli aus der 9b die Reihenfolge auslosen. Ein wenig ärgere ich ________ , dass ich als Erster dran bin. Aber dann sagt Elena zu mir: „Freu ________ doch, der Wind ist genau richtig." Es klappt auch bestens. Eigentlich wundere ich ________ darüber. Einer nach dem anderen bemüht ________ , seinen Drachen in den Himmel steigen zu lassen. Elenas Drachen hüpft lustig auf und ab und ein anderer dreht ________ unentwegt. Es ist ein herrlicher Anblick!

5 EXTRA Stelle zu den Sätzen aus Aufgabe 4 W-Fragen, z. B.:
Wo treffen sich die Wettkämpfer mit ihren Drachen?

Bei wem erkundigt ________________________________

____

____

____

____

____

____

Merke

Bei den Fragesätzen werden unterschieden:
- **Entscheidungsfragen** *(Kommst du mit zum Drachenfest?)*
- **W-Fragen** mit den Fragefürwörtern *Wer?, Was?, Wessen?, Wem?, Wen?, Welcher? Wo?, Woher?, Wohin?, Wann?, Wie?, Warum? …* (Bsp.: *Wo treffen sich die Wettkämpfer?)*

Selbsteinschätzung

1 Beurteile dein Gesprächsverhalten bei der Gruppenarbeit. Gib dir Punkte von 1 bis 10. Kreise die Punktzahl ein.

Ich beteilige mich sehr selten am Gespräch.	1 2 3 4 5 6 7 8 9 10	Ich beteilige mich sehr oft am Gespräch.
Ich traue mich nicht, meine Meinung zu sagen.	1 2 3 4 5 6 7 8 9 10	Ich sage immer meine Meinung, auch wenn die meisten anderer Meinung sind.
Ich weiß immer alles besser und sage das auch den anderen.	1 2 3 4 5 6 7 8 9 10	Ich lasse andere Meinungen auch gelten. Ich versuche, andere von meiner Meinung zu überzeugen.
Ich schwatze oft dazwischen und unterbreche andere.	1 2 3 4 5 6 7 8 9 10	Ich lasse die anderen immer ausreden und unterbreche sie niemals.
Ich bin bei Gesprächen in der Gruppe mit meinen Gedanken oft nicht bei der Sache und höre nicht zu.	1 2 3 4 5 6 7 8 9 10	Ich höre den anderen immer aufmerksam zu und schaue die Sprechenden an.
Ich frage nicht nach, wenn ich etwas nicht verstehe, was ein anderer sagt.	1 2 3 4 5 6 7 8 9 10	Ich frage nach, wenn ich etwas nicht verstanden habe, sofern dazu Gelegenheit ist.

2 Zähle deine Punkte zusammen und ordne dich hier ein:

◯ + ◯ + ◯ + ◯ + ◯ + ◯ = ◯

51–60 Punkte:
Du hast ein sehr gutes Gesprächsverhalten. Du bist ein Gesprächsprofi!

30–50 Punkte:
Dein Gesprächsverhalten ist nicht schlecht. Du kannst dich aber in einigen Punkten noch verbessern. Mache dir diese Punkte bewusst und arbeite gezielt an der Verbesserung.

18–29 Punkte:
Dein Gesprächsverhalten weist erhebliche Mängel auf. Du musst dich fast in allen Punkten verbessern. Erarbeite einen Plan, in welchen Punkten du dich zuerst verändern möchtest. Nimm dir bereits für die nächsten Gespräche ein verändertes Verhalten vor.

6–17 Punkte:
Dein Gesprächsverhalten in der Gruppe ist sehr schlecht. Du brauchst dich nicht zu wundern, wenn du kaum wirkliche Freunde hast. Das Gespräch mit dir macht keinen Spaß. Du musst hart an dir arbeiten. Beginne bereits in den nächsten Gesprächen. Überlege, was du zuerst ändern willst.

Schätze dein Gesprächsverhalten regelmäßig selbst ein und prüfe, ob und wo du Fortschritte erzielst.

3 Suche dir einen Lernpartner. Lest den Text mit verteilten Rollen.

Ein Anruf im Porzellangeschäft

(Rufton Telefon)

Verkäuferin: Meißner Porzellan am Kurfürstendamm, guten Tag.
Anrufer: Ja, schönen guten Tag, Bach ist mein Name, Bodo Bach.
Verkäuferin: Guten Tag, Herr Bach.
Anrufer: Gut, dass ich dran bin, ich hätt' gern ein Problem: Ich hab' bei Ihnen ein neues Porzellangeschirr gekauft.
Verkäuferin: Und welches Dekor*? Oder ist es weißes Geschirr?
Anrufer: Es ist ganz weiß. Also, sehr schön. Wissen Sie, meine Frau, die kocht nicht so gut und jetzt, auf den weißen Tellern, sieht es wenigstens ein bisschen schöner aus.
Verkäuferin: *(Lachen)* Herr Bach!
Anrufer: Aber wissen Sie, was mir besonders gut gefällt, das ist die Idee mit dem Spülmaschinenfest. Das ist gut.
Verkäuferin: Ja?
Anrufer: Jetzt war die Frage, wann es genau ist?
Verkäuferin: Also, bei uns ist das so: Spülmaschinenfest ist jedes Dekor, was eine Unterglasurmalerei** ist …
Anrufer: Das ist mir jetzt zu kompliziert, ich will einfach nur wissen, wann das ist?
Verkäuferin: Wann das entwickelt worden ist?
Anrufer: Da steht „Spülmaschinenfest", aber es steht gar kein Datum und nix dabei …

** Dekor: Muster* *** Unterglasurmalerei: Porzellanmalerei, die durch eine Glasur geschützt ist*

4 Schreibe mit eigenen Worten auf, was der Anrufer wissen möchte.

5 Notiere auch, was er falsch verstanden hat.

6 EXTRA Erfinde ein ähnliches Gespräch. Du könntest zum Beispiel folgendes gekauft haben:

Geschirr, das bruchfest ist – Nudeln, die bissfest sind – Kosmetik, die wasserfest ist – eine Badematte, die rutschfest ist …

Schreibe in dein Heft.

Klassensprecher – ja oder nein?

In einem Internetforum hat Jana aus Bremen vorgeschlagen, das Amt des Klassensprechers abzuschaffen:

„Ich finde es überflüssig, einen Klassen- oder Schulsprecher zu wählen. Diese Leute wollen sich doch nur wichtig machen. Und wenn's hart auf hart kommt, halten sie doch nur zu den Lehrern, bei denen sie sich einschmeicheln."

Auf diesen Vorschlag haben viele Schüler, aber auch einige Lehrer geantwortet:

Steffi (11 Jahre)
Jana hat völlig Recht. Ich finde auch, dass Klassensprecher nur die Chefs der Klasse sein wollen, um zu bestimmen_ Und bei großen Streitereien schmeicheln sie den Lehrern, um aufzufallen und gelobt zu werden_

Jens Grau (Verbindungslehrer)
Willst du wirklich auf dein Mitbestimmungsrecht verzichten__Was wäre die Schule ohne die gewählten Schülervertreter__Stell dir vor, dann könnten die Lehrer wirklich alle machen, was sie wollen_ Aber manchmal muss man ihnen auch sagen, dass sie etwas nicht richtig machen_ Meinst du das nicht auch_

Korinna (12 Jahre)
Ich gehe in eine sehr große Schule mit über 1000 Schülern_ Unser Klassensprecher hat öfter eine Versammlung_ Und was er dort erfährt, teilt er uns sofort mit_ Super_

Till (11 Jahre)
Richtig, Jana_ Klassensprecher sollte man abschaffen_ Was die können, können wir schon lange_ Unsere Klassensprecherin spricht immer nur für einige Schüler_ Meistens werden die Mädchen bevorzugt_

Merke

Es werden unterschieden:
- **Aussagesätze** – Sie werden verwendet, wenn man etwas mitteilen will. (.)
- **Aufforderungssätze** – Sie werden verwendet, wenn man um etwas bitten oder jemanden zu etwas auffordern will. (. !)
- **Fragesätze** – Sie werden verwendet, wenn man etwas wissen will. (?)

Ida (12 Jahre)
Was meinst du, Jana, wer bei uns an der Schule Filmabende, Schuldiskos, die „Kulturarena“ und Sporttage organisiert_ Das macht der Schülersprecher und die SV_ Ich selbst bin Klassensprecherin und sage, wenn der Klasse etwas nicht passt_ Was du schreibst – Blödsinn_

Hendrik (11 Jahre)
Du hast so Recht_ Unser Klassensprecher zum Beispiel, der fühlt sich nur cool, weil er Klassensprecher ist_ Aber wenn's drauf ankommt, ist er feige und bringt zwei Streitende nicht auseinander_

Thomas (13 Jahre)
Überflüssig ist nur der falsche Klassensprecher_ Denn der richtige sollte eure Probleme, Sorgen und Wünsche an eure Lehrer weitergeben und mit ihnen nach Lösungen suchen_ Tut er das nicht, löst ihn ab und wählt einen charakterfesten, uneigennützigen Schüler_ Wählt einen, der für euch kämpft und dem ihr vertraut_ Wählt klug_

1 Kreuze die Beiträge an, die auch deine Meinung zum Ausdruck bringen.

2 Ergänze in den Beiträgen die Satzschlusszeichen.

3 EXTRA Schreibe dazu selbst einen Beitrag. Begründe deine Meinung. Achte auf die richtigen Satzschlusszeichen.

Eines Tages ...

1 Sieh dir die Bilder genau an. Gib der Person und dem Hund einen Namen.

2 Schreibe zu jedem Bild zwei bis drei Sätze. Schreibe auf, was die Person und der Hund denken.

(1) (in den Garten gehen – plötzlich entsetzt entdecken – Blumen abgerissen – überlegen, was passiert ist)

---

(2) (den Hund verdächtigen – ihn in den Garten holen – auf die Blumenreste zeigen – mit dem Hund schimpfen)

---

(3) (den Hund anbrüllen – vor Wut rot werden – zornig die Arme hochreißen – ruhig bleiben, nicht reagieren)

---

(4) (ins Haus gehen – sich eine Strafe ausdenken)

---

(5) (ins Wohnzimmer kommen – sich wundern – Blumen stehen in einer Vase – überraschen wollen – leidtun)

(6) (Hund – beleidigt auf dem Sessel liegen – mit einer großen Wurst ins Zimmer kommen – sich entschuldigen)

3 Verfasse zu der Bildfolge auf Seite 12 eine Geschichte. Schreibe in dein Heft. Gib ihr eine passende Überschrift.

4 EXTRA Schreibe eine Geschichte zu der Bildfolge. Gehe so vor:

1. Gib zuerst den Personen einen Namen und beschreibe Ort, Zeit und Situation.
2. Schreibe nun die gesamte Geschichte. Vergiss nicht, auch die Gefühle der Personen zu beschreiben. Verwende die direkte/wörtliche Rede.

Eines Tages ...

1 Ergänze die fehlenden Formen in der Tabelle.

	Grundform (Infinitiv)	Präsens	Präteritum
A	rufen	er ruft	er rief
		sie fällt	sie fiel
	schlafen	er	er
		sie	sie hielt
		er erhält	er
		sie	sie hieß
	raten	er	er
		sie	sie ließ
	schreiben	er	er
		sie	sie stieg
	entscheiden	er	er
		sie	sie schwieg
B	essen	er	er
		sie beschließt	sie
		er vergisst	er
	verlassen	sie	sie

2 Unterstreiche in Gruppe A jeweils das *ie* in der Präteritumsform. Markiere in Gruppe B jeweils das *ss* und das *ß* in den verschiedenen Verbformen.

3 Schreibe zu jedem Bild, was das Mädchen und die Tiere tun, z. B.:

1. Anja liegt auf dem Bett, die Katze steht im Fenster, der Vogel sitzt im Käfig.

4 Schreibe deine Sätze in der Vergangenheit. Verwende das Präteritum.

1. Anja lag auf dem Bett, die Katze stand im Fenster, der Vogel …

5 EXTRA Anja berichtet, wie es zu dem Schaden gekommen ist. Was schreibt sie? Schreibe es auf.

Merke

- Das **Präsens** verwendet man, wenn man etwas spricht oder schreibt, das gerade geschieht *(sie geht, sie sieht …)* oder das immer gilt *(ich heiße)*.
- Das **Präteritum** verwendet man, wenn man über etwas Vergangenes berichtet oder erzählt *(sie ging, sie sah)*.

Frisch gestrichen

1 Lies die Szenenabschnitte links und gib der Geschichte eine passende Überschrift.

1. Ein Spieler kommt auf die Bühne und streicht eine Parkbank frisch an. Dann geht er weg. 	☐ Ist das eine herrliche Luft! Und diese Ruhe! Wonach duftet es eigentlich? Riechen Pilze so? Was für schöne alte Bäume! Ah, die Bank steht ja genau richtig. Da kann ich in Ruhe die schöne Aussicht genießen.
2. Ein zweiter Spieler kommt, genießt frische Luft und schöne Landschaft und setzt sich auf die Bank.	☐ Und was nun? Wir können doch hier nicht ewig sitzen!
3. Der erste kommt zurück und ist entsetzt. Er eilt zur Bank und versucht, den zweiten wegzuziehen. Doch dieser klebt bereits fest.	☐ Na, die hat ja wirklich einen neuen Anstrich nötig. Na bitte, das habe ich doch prima hingekriegt! Da muss ich mich loben. So, jetzt hole ich aber schnell noch das Warnschild.
4. Der erste Spieler ist verzweifelt und setzt sich ratlos ebenfalls auf die Bank. Beide sitzen fest.	☐ Ach, du meine Güte! Mensch, hier ist frisch gestrichen! Kommen Sie bloß hoch!

2 Ordne den Szenenabschnitten (links) die passende Rede (rechts) zu.
Trage die entsprechenden Ziffern ein.

3 Was sagen die Personen? Schreibe die Worte in die Sprechblasen.

So eine Frechheit!

1 Lies den Text.

Der Marathonläufer

nach Martina Beranek

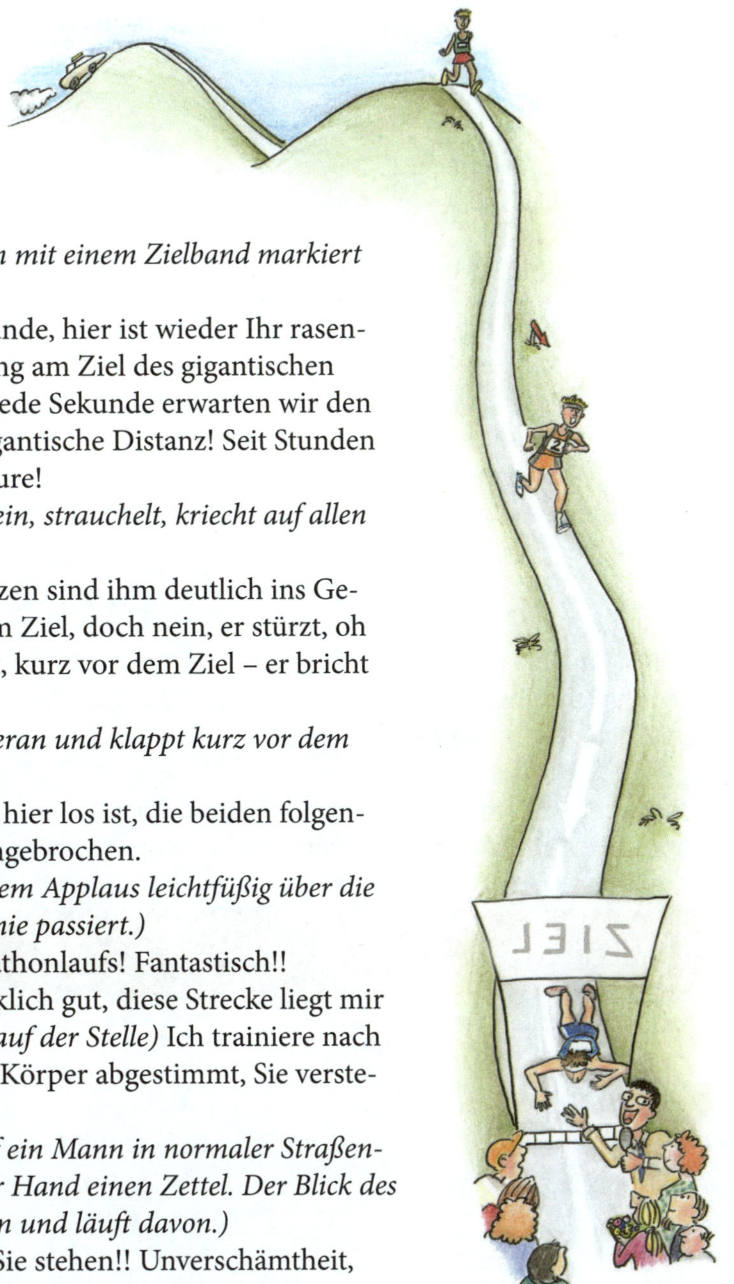

Personen: Reporter, Sieger, Mann

(Im Vordergrund ist das Ziel, das von zwei Statisten mit einem Zielband markiert wird. Daneben steht ein Reporter mit Mikrofon.)
Reporter *(mit hektischer Stimme)*: Liebe Sportfreunde, hier ist wieder Ihr rasender Reporter Rudi live am Mikrofon! Die Spannung am Ziel des gigantischen Marathonlaufs von Walderstadt ist unerträglich! Jede Sekunde erwarten wir den ersten Läufer. Über 40 km sind zu laufen. Eine gigantische Distanz! Seit Stunden kämpfen diese Athleten um den Pokal der Amateure!
(Der erste Läufer biegt keuchend in die Zielgerade ein, strauchelt, kriecht auf allen Vieren, bis er kurz vor dem Ziel zusammenbricht.)
Reporter: Der erste Läufer ist in Sicht! Die Strapazen sind ihm deutlich ins Gesicht geschrieben! Nur noch wenige Meter bis zum Ziel, doch nein, er stürzt, oh mein Gott, er schleppt sich weiter, die Menge tobt, kurz vor dem Ziel – er bricht zusammen!
(Der zweite Läufer torkelt auf wankenden Knien heran und klappt kurz vor dem Zielstrich zusammen, desgleichen der dritte.)
Reporter: Sportfreunde, es ist ja unglaublich, was hier los ist, die beiden folgenden Läufer sind ebenfalls vor dem Ziel zusammengebrochen.
(Endlich erscheint der vierte Läufer, der unter großem Applaus leichtfüßig über die zusammengebrochenen Läufer springend die Ziellinie passiert.)
Reporter: Gratuliere, Sie sind der Sieger des Marathonlaufs! Fantastisch!!
Sieger *(wichtig)*: Danke, danke, ich war heute wirklich gut, diese Strecke liegt mir einfach! *(schnauft, lockert seine Beine, läuft lässig auf der Stelle)* Ich trainiere nach einem maßgeschneiderten Plan, alles auf meinen Körper abgestimmt, Sie verstehen?
(Auf der Zielgeraden erscheint mit hochrotem Kopf ein Mann in normaler Straßenbekleidung, eine Schirmmütze auf dem Kopf, in der Hand einen Zettel. Der Blick des „Siegers“ erstarrt, als er ihn sieht, er wendet sich um und läuft davon.)
Mann *(brüllt hinter ihm her)*: He, Mann, bleiben Sie stehen!! Unverschämtheit, erst lässt er sich 40 km im Taxi spazieren fahren, aber dann bezahlt er die Rechnung nicht. Heee! Stehen bleiben!

2 Beantworte zum Inhalt folgende Fragen:
1. Über was für eine Veranstaltung wird berichtet?
2. Wie viele Kilometer müssen die Läufer zurücklegen?
3. Die ersten drei Läufer brechen vor dem Ziel zusammen. Wie erscheint der vierte Läufer?
4. Was stellt sich zum Schluss heraus?

Schreibe in dein Heft.

3 EXTRA Arbeitet in Gruppen. Verteilt die Rollen und lernt sie auswendig. Bereitet nun die Szene für eine Aufführung vor.

Kurz oder lang?

1 Lies jeweils beide Wörter laut. Sprich immer ein Wort mit kurzem, das andere Wort mit langem Vokal (Selbstlaut). Schreibe die Wörter wie im Beispiel auf.

1. der Wal__ – der Wal__ — der Wal – der Wall
2. die Gas__e – die Gas__e
3. die Hüt__e – die Hüt__e
4. der Aal__ – das Al__
5. die Ras__en – der Ras__en
6. die Rat__e – die Rat__e
7. sie las__en – sie las__en
8. der Of__en – of__en
9. der Schal__ – der Schal__

2 Wörter zum Mitsprechen? Lies die Wörter. Probiere aus, bei welchen man durch Mitsprechen die richtige Schreibung herausfinden kann. Schreibe diese Wörter in die linke Spalte. Schreibe die anderen Wörter (5) in die rechte Spalte.

Zuschauer – Bühne – Pantomime – Partnerin – Szene – Zauberer – Zungenbrecher – schlafwandeln – Roboter – Aufführung – Theater – Rolle – Körperbewegung

Mitsprechen	Besonderheiten beachten
Zuschauer → Zu – schau – er	Pantomime

3 Partnerdiktate – **Diktiere einem Partner einige Beispiele und lass dir selbst einige Beispiele diktieren. Sprich übertrieben deutlich, sodass dein Partner möglichst keine Fehler macht. Fehler zählen als Fehler desjenigen, der diktiert.**

1 . So können wir uns fortbewegen:

laufen, hüpfen, hopsen, gleiten, schlendern, schleichen, sausen, bummeln, eilen, rennen, flitzen, rasen, hasten, krabbeln, hinken, schlurfen, trampeln, trippeln, torkeln, schwanken

2. So können wir etwas sagen:

flüstern, brüllen, murmeln, wispern, schreien, nörgeln, kreischen, brummen, predigen, lallen

3. So können wir etwas mit dem Körper ausdrücken:

den Kopf schütteln, die Augen verdrehen, die Nase rümpfen, mit dem Kopf nicken, die Schultern heben, den Daumen heben

4 EXTRA Dein Partnerdiktat – **Stelle selbst ein Diktat mit „Mitsprechwörtern" zusammen und diktiere sie einem Partner. Nutze dafür die Texte auf den Seiten 16 und 17.**

Ein Erlebnis – zwei Geschichten

1 Lies beide Geschichten.

Ich muss euch was erzählen!

Neulich hab' ich einen ganz schönen Schreck gekriegt. Ich hab' geträumt, ich wär' mit meinem Bruder zu 'nem kleinen Teich – also so 'nem Tümpel im Wald – gegangen.
Da wollten wir Versteck spielen. Mein Bruder war als Erster mit dem Suchen dran, sodass ich schon losgegangen bin – also ich bin schon mal vorausgerannt und hab' mich hinter so 'nem großen Busch versteckt. Plötzlich hat es geraschelt. Was glaubt ihr, was ich da zu meinen Füßen gesehen hab'? Eine – ja, eine echte Schlange! Könnt ihr euch vorstellen, wie ich mich erschrocken hab'? Ich hab' vor Schreck sogar so die Luft angehalten, dass ich fast vergessen hab' weiterzuatmen. Aber dann – dann hat die Schlange plötzlich ihren Kopf zur Seite gedreht, und da war ich wieder beruhigter! Wisst ihr warum? Es war – es war nur eine harmlose Ringelnatter! Und wisst ihr, woran ich das erkannt hab'? Natürlich an dem Halbmond, den sie am Kopf hatte! Dann hab' ich meinen Bruder gerufen. – Der hat aber nichts von meinem Schreck gemerkt. Zum Glück! Sonst – na, ihr kennt ihn ja – hätte er mich sicher ausgelacht. Irgendwann bin ich dann wach geworden und war total verschwitzt.

So ein Schreck!

Gestern träumte ich etwas Aufregendes:
An einem sonnigen Frühlingstag war ich mit meinem älteren Bruder in der Nähe eines kleinen Tümpels auf einer herrlichen Lichtung. Dort spielten wir Versteck. Da mein Bruder als Erster suchen sollte, war ich bereits ein Stück vorausgelaufen. Bald hatte ich einen großen blätterreichen Strauch gefunden, hinter dem ich mich gut verstecken konnte. Plötzlich hörte ich ein leises, aber deutliches Rascheln zu meinen Füßen. Was war das? Ich wandte meinen Blick, ohne mich ansonsten zu bewegen, in Richtung meiner Füße. Durch das Laub und mir bedrohlich nahe kroch eine Schlange. Ich erstarrte nun gänzlich vor Schreck. Plötzlich jedoch drehte die Schlange ihren Kopf etwas zur Seite: Ich erkannte einen Halbmond. Erleichtert atmete ich auf. Es war nur eine harmlose Ringelnatter. Ich rief meinen Bruder herbei und wollte ihm die Schlange zeigen, aber von meinem Schreck erzählte ich ihm nichts. Sicher hätte er mich ausgelacht. Als ich schließlich aufwachte, war ich vor Aufregung völlig verschwitzt.

2 Welche der beiden Geschichten hat der Geschichtenerzähler aufgeschrieben, welche hat er erzählt? Begründe deine Antwort.

3 Unterstreiche in beiden Texten Wörter und Sätze, die die Geschichte besonders spannend machen.

4 EXTRA Welche Unterschiede erkennst du zwischen beiden Geschichten? Vervollständige die Tabelle.

Merkmal	Beispiele
Zuhörer in der mündlichen Geschichte direkt angesprochen	Und wisst ihr, woran ich das erkannt habe?
	Aber dann – dann hat die Schlange … Es war – es war nur eine harmlose Ringelnatter!
	Neulich hab' ich … … 'nem kleinen Teich so 'nem …
Verwendung des Perfekts in der mündlichen Geschichte häufiger	
Satzabbrüche, Einschübe, Pausen in der mündlichen Geschichte	

Unsere Klassenfahrt

1 Erweitere die Sätze, z. B.:

Wir sind in der vergangenen Woche auf einer Klassenfahrt gewesen.

1. Wir sind … gewesen.

___

2. Wir sind … angekommen.

___

3. Wir sind … geblieben.

___

4. Wir sind … gelaufen.

___

5. Wir sind … gegangen.

___

6. Wir sind … gefahren.

___

7. Wir haben … gesehen.

___

8. Wir haben … besucht.

___

9. Wir haben … übernachtet.

___

10. Wir haben … gegessen und … getrunken.

___

11. Wir haben … gespielt.

___

2 mir oder mich? – Setze das richtige Wort ein.

1. Ich habe _mir_ das gemerkt. 2. Ich habe ________ furchtbar darüber geärgert. 3. Da habe ich ________ gewundert. 4. Ich habe ________ daran erinnert. 5. Wie habe ich ________ darüber gefreut! 6. Darüber habe ich ________ aufgeregt. 7. Das habe ich ________ fest vorgenommen. 8. Das habe ich ________ anders vorgestellt. 9. Ich habe ________ schon von ihr verabschiedet. 10. Ich habe ________ gut mit ihm unterhalten.

Was sie erlebt haben

1 Schreibe die Sätze mit vollständigen Perfektformen auf.

1. Patricia: Ich (sehen) neulich im Aquazoo ein echtes Krokodil.
   Ich habe neulich im Aquazoo ein echtes Krokodil gesehen.
2. Boris: Wir (finden) am Wochenende einen 2 kg schweren Pilz.
3. Sascha: Eine riesige Spinne (laufen) gestern über meine Hand.
4. Hanka: Ich (besuchen) in den Herbstferien meine Oma.
5. Aldin: Wir (treffen) vorgestern unsere ehemalige Lehrerin.
6. Nana: Ich (ausleihen) in der Bibliothek ein Buch über Affen.
7. Karl: Wir (kaufen) kürzlich eine fleischfressende Pflanze.
8. Sina: Wir (essen) im Urlaub in Hamburg Austern.
9. Sergej: Wir (sein) vor einigen Tagen im Zirkus.
10. Antonia: Ich (verlieren) irgendwo mein Tagebuch.
11. Mark: Ich (fliegen) mit meinen Eltern nach Marokko.

2 EXTRA Schreibe auf, was du in der letzten Zeit erlebt hast. Verwende die Perfektformen.

Merke

Das **Perfekt** verwendet man, wenn man über etwas Vergangenes erzählt.
Beim Bilden des Perfekts helfen die Verben *haben* und *sein*. Sie heißen deshalb Hilfsverben.

Meine Fantasiefigur

1 Erfinde eine Fantasiefigur und beschreibe sie.

Wer ist ☺?
ein Gespenst, ein Geist, ein Prinz, ein Riese, ein Zwerg, ein Tier, ein Zauberer, eine Fee, ein Kind, …

Wie heißt ☺?
Theobald, Graubart, Tidalogi, Elfi, Harry, …

Wie sieht ☺ aus?
riesengroß, klitzeklein, komisch, zum Fürchten, niedlich, hat nur ein Auge, eine riesenlange Nase, grüne Sommersprossen, …

Was kann ☺?
hexen, fliegen, wahnsinnig schnell laufen, gekonnt lügen, sich unsichtbar machen, …

Wo lebt ☺?
im Wald, im Schloss, in einer Burgruine, im Keller, in einer Flasche, im Fluss, in einer Schlucht, im Kühlschrank, im Bett, …

Wie ist ☺?
frech, böse, schlau, hilfsbereit, traurig, …

Was will ☺?
andere ärgern, böse Menschen bestrafen, guten Leuten helfen, einen Freund suchen, …

Was passiert eines Tages mit ☺?
taucht in der Schule auf, kommt zu mir und erzählt eine merkwürdige Geschichte, trifft eine sonderbare Person, verwandelt sich, …

2 Lies, was für eine Fantasiegeschichte Enrico geschrieben hat.

Als ich vor einiger Zeit mit meinen Eltern eine alte Mühle besichtigte, lernte ich Eduard kennen. Eduard ist ein Mühlengespenst. Er lebt schon viele Jahre dort. Das Gespenst sieht ziemlich ulkig aus: Es ist ein altes Männchen, etwa 40 cm groß, hat Haare, weiß wie Mehl, einen riesenlangen Bart, eine kugelige Nase und kleine schwarze Augen. Als meine Eltern das Mühlenmuseum besichtigten und ich allein oben in der Mühle war, tauchte plötzlich das kleine Männchen mit einem schweren Mehlsack vor mir auf und kicherte ganz merkwürdig. Zuerst bin ich fürchterlich erschrocken. Ich dachte, ich träume. Dann habe ich mich langsam beruhigt. „Ich heiße Eduard", sagte mir das Männchen, „und bin das Mühlengespenst." Eduard schmiegte sich an mich an und flüsterte: „Kannst du mir helfen?" …

3 Schreibe Enricos Fantasiegeschichte weiter. Deine Fortsetzung könnte die folgenden Fragen beantworten: Was hat Eduard noch erzählt? Wie ist er in die Mühle gekommen? Was tut er heute in der Mühle? Welchen Wunsch hat er? Was vereinbart er mit Enrico?

4 Suche eine passende Überschrift.

5 EXTRA Denke dir eine neue Fantasiegeschichte aus. Notiere zunächst in Stichworten:
- Wer soll die Fantasiefigur sein? Wo und wann spielt die Geschichte?
- Wie soll deine Geschichte beginnen? Wie soll der Einleitungssatz lauten?
- Was soll in der Geschichte passieren?
- Wie soll die Geschichte enden? Wie könnte der Schlusssatz lauten?
- Welche Überschrift soll die Geschichte haben?

6 EXTRA Schreibe deine Fantasiegeschichte nun in dein Heft.

Das Sams

WeroderwasistdasSams? DasSamsisteinefröhliche, aberauchsehrfrechefantasiegestalt. DasSamsgehört demschüchternenBruno, dessenlebenesganzschöninunordnungbringt. Eshatimmereinenbärenhunger – nichtsistvorihmsicher. Amliebstenisstesaberleberwürstchen. DasSamsverhältsichnichtnurmerkwürdig, essiehtauchsonderbaraus. Esistrothaarigundstatteinergewöhnlichennaseverschönerteinerüsselnase-seinblaugepunktetesgesicht. DasSamsistmodebewusst, deshalbträgteseinenblaugelbentaucheranzug – natürlichpassendzudenpunkten. Mitdendunkelblauenpunktenhateseinebesonderebewandtnis: Dassindnämlichwunschpunkte. DamiterfülltdasSamsseinem„papa“jedenwunsch.

1 Ohne Wortabstände und ohne die großen Anfangsbuchstaben der Substantive/Nomen ist der Text schwer zu lesen. Probiere aus, ob es dir trotzdem gelingt. Du kannst Wörtertrennstriche eintragen.

2 Schreibe den Text in der richtigen Schreibweise auf.

3 Unterstreiche alle Substantive/Nomen. Wie viele zählst du? Vergleiche in der Gruppe die Ergebnisse.

4 Schreibe an die unterstrichenen Wörter die Nummer der Testfrage aus dem Merke-Kasten, mit der du sie als Substantive/Nomen erkennen kannst.

Merke

Wörter am Satzanfang und Substantive/Nomen werden großgeschrieben.
So könnt ihr prüfen, ob ein Wort ein Substantiv/Nomen ist:
1. Könnte man das, was das Wort bezeichnet, sehen oder anfassen?
2. Kann man das Wort mit einem der Artikel *der, die, das* kombinieren?
3. Endet das Wort auf *-keit, -nis, -schaft, -ung, -heit, -tum, -chen, -lein?*
4. Lässt sich direkt vor das Wort ein Adjektiv oder Pronomen/Fürwort setzen, welches sich dabei verändert?

Könnt ihr eine dieser Fragen mit „Ja“ beantworten, wird das Wort großgeschrieben.

Das Soms

Damit das Sams nicht immer so alleine ist, wenn Bruno arbeitet, wünscht dieser sich mithilfe der Wunschpunkte einen Freund für das Sams. Er nennt ihn Soms.

1 Schreibe auf, wie das Soms aussieht und welche Kleidung es trägt. Ergänze die Artikel und bilde zusammengesetzte Substantive/Nomen, z. B.:
der Sommer die Sprossen → die Sommersprossen

das Aussehen des Soms

_____ Sommer	_____ Sprossen	→	__________
_____ Knopf	_____ Augen	→	__________
_____ Haken	_____ Nase	→	__________
_____ Locke	_____ Mähne	→	__________
_____ Hase	_____ Zähne	→	__________
_____ Kugel	_____ Bauch	→	__________

die Kleidung des Soms

_____ Wolle	_____ Hose	→	__________
_____ Hose	_____ Träger	→	__________
_____ Rollkragen	_____ Pullover	→	__________
_____ Pudel	_____ Mütze	→	__________
_____ Regen	_____ Mantel	→	__________
_____ Seide	_____ Schal	→	__________

2 EXTRA Beschreibe Aussehen und Kleidung des Soms genauer. Stelle vor die Substantive/Nomen passende Adjektive, z. B.: hellgrüne Sommersprossen, schwarze Knopfaugen

____

____

____

3 EXTRA Beschreibe das Soms zusammenhängend. Erfinde weitere Einzelheiten für sein Aussehen und die Kleidung, z. B.: Das Soms ist ein sehr pfiffiges Kerlchen. Es hat … Schreibe in dein Heft.

Merke

Als Begleiter des Substantivs/Nomens treten auf:
- die **bestimmten Artikel** *der, die, das; die*
- die **unbestimmten Artikel** *ein, eine*

Mein, dein, sein, ihr, unser, euer sind **besitzanzeigende Fürwörter.**
Sie können ebenfalls als Begleiter des Substantivs/Nomens auftreten und geben an, zu wem etwas gehört.

Eine Geschichte zu einem Bild schreiben

1 Sieh dir das Bild genau an. Was siehst du?

2 Schreibe eine Geschichte zu dem Bild. Lies dir zuerst die Arbeitsschritte durch. Beginne dann mit dem Schreiben. Wenn du einen Arbeitsschritt erledigt hast, setze einen Haken in das entsprechende Kästchen.

1. Überlege und notiere auf einem Blatt Papier:
   - Wer sind die Personen auf dem Bild? ☐
   - Was tun die Personen auf dem Bild? ☐
   - Was geschah vorher, was geschieht nachher? ☐
   - Wo/wann spielt die Geschichte? ☐
2. Schreibe deine Geschichte auf dem angefangenen Blatt Papier vor. ☐
3. Lies deine Geschichte sorgfältig durch. Achte auf die Rechtschreibung. ☐
4. Schreibe die Geschichte nun sauber und ohne Fehler auf diese Seite. ☐
5. Lies deine Geschichte noch einmal durch. Achte wieder auf die Rechtschreibung. ☐

3 EXTRA Wähle ein Bild aus und schreibe eine Geschichte dazu. Du kannst dich an den Arbeitsschritten in Aufgabe 2 orientieren.

Neues vom Gletschermann

1 Versuche den Text zu lesen, obwohl einige Buchstaben fehlen.

Italienische Forscher haben sich in der letzten Zeit intensiv mit dem sensationellen Fun( ) des Gletschermannes befasst. Man fan( ) zum Beispiel heraus, was „Ötzis“ letzte Mahlzeiten waren. Der Gletschermann hatte vor seinem To( ) vor mehr als 5000 Jahren Steinbock, Rotwil( ) und Getreide gegessen. Das schrie( ) man in einer amerikanischen Fachzeitschrift. Die Forscher nehmen an, dass die letzte Reise des steinzeitlichen Mannes so verlief: Kurz vor seinem To( ) wanderte er durch einen Nadelwal( ) in mittlerer Höhe. Dort aß er eine Mahlzeit aus Getreide, Pflanzen und Steinbockfleisch.
Er setzte seine Reise fort und stie( ) weiter in felsige Höhe bis auf etwa 3200 Meter, wo er möglicherweise am selben Ta( ) an einem Pfeilschuss star( ). Das ga( ) man in Bozen bekann( ). Man fan( ) seine linke Schulter von hinten durchbohr( ). Die Spitze aus Feuerstein durchstieß das Schulterblatt und blie( ) stecken. Das erga( ) die Röntgenaufnahme. Ob sich Ötzi auf der Flucht befan( ) oder ob er in einen Hinterhalt geraten war, ist stritti( ). Nach Meinung der Forscher zo( ) Ötzi selbst am Pfeil, brach ihn ab und verblutete weni( ) später.

(Nach Berichten aus „Bild der Wissenschaft“)

2 Schreibe die Wörter mit den fehlenden Buchstaben in die richtige Tabellenspalte. Verlängere jedes Wort bzw. jeden Wortstamm, schreibe die verlängerten Formen daneben.

b oder *p*?	*d* oder *t*?	*g* oder *k*?
	Fund ⟷ Fun-de	

3 EXTRA eu oder äu?

1 bekommst du, wenn du dir den Kopf stößt
2 Menschen
3 nicht billig, sondern …
4 zeigt den Schiffen, wo Land ist
5 Menschen wohnen darin
6 Ordnung machen
7 brennt im Kamin
8 kleine Tiere, die z. B. auf dem Kopf krabbeln
9 sie halten fest zu dir
10 Erlebnisse im Schlaf
11 dienen zur Umgrenzung eines Gartens
12 darin fliegt man
13 Zimmer in einem Haus
14 Nachtvogel
15 bilden einen Wald
16 kleine graue Nagetiere
17 Zahl zwischen acht und zehn
18 steht vor der Klasse und unterrichtet

Lösungswort:

4 EXTRA e oder ä? Gestaltet selbst ein Wörtersuchrätsel für *e*- und *ä*-Wörter. Ihr könnt z. B. die folgenden Wörter nutzen. Ihr könnt aber auch andere verstecken. Lasst einen Partner die Wörter auffinden und umkreisen.

Bett, Stern, gern, schlecht, denken, stellen, Feld, Schwester, Teller, Fehler, gegen, neben, erste, Schere, quer, Pferd, Keks, Ferien, Kamel, Nebel, Herbst, endlich, eng, rechts, ernst …

wärmer, Mädchen, Fußgänger, Ärztin, Zähne, näher, wählen, gefährlich, zählen, jährlich, kämpfen, ängstlich, Räder, ergänzen, kräftig, Kälte, Bäcker, Rätsel, fällt, Hähnchen, Wälder …

H	I	B	O	G	V												
W	F	E	L	D	F												
R	Ä	T	S	E	L												
K	L	T	R	P	A												
	L																
	T																

So fängt die Geschichte an

Jürg Schubiger
Erste Geschichte

„Was hast du?“, fragte die Mutter.
„Nichts“, sagte Markus.
Susanne sagte: „Er ist wütend!“
„Auf wen?“, fragte der Vater. Markus schwieg.
„Weil er verloren hat“, sagte Susanne.
„Schafskopf!“, sagte Markus laut.
Susanne sagte: „Vor dem Spielen warst du jedenfalls nicht wütend.“
„Ich bin's auch jetzt nicht“, sagte Markus.
„Doch“, sagte Susanne, „sonst hättest du eben nicht ‚Schafskopf‘ gesagt!“
„Wer nicht verlieren kann, soll auch nicht spielen“, sagte der Vater.
Und die Mutter: „Einer muss halt verlieren, …“

1 Wie geht die Geschichte weiter? Entscheide dich für eine Möglichkeit und kreuze an.

☐ Markus sprang auf – (zu Susanne) „Jetzt hast du es geschafft, jetzt bin ich wirklich wütend!“ – wischte mit einer Hand alle Spielsteine vom Tisch – verließ das Zimmer, knallte dabei mit der Tür – Mutter sah Susanne vorwurfsvoll an – schuldbewusst ging ihm Susanne hinterher …

☐ Markus sprang auf – „Ihr seid gemein. Dauernd haltet ihr zusammen.“ – will im ersten Moment das Spiel vom Tisch werfen, beherrscht sich aber – packt das Spiel zusammen – gibt es seinem Vater – (zum Vater) „Kannst es wegschließen. Ich will gar nicht mehr mit euch spielen.“ – verlässt abwinkend das Zimmer …

☐ Markus stand auf – (zu Susanne) „‚Schafskopf‘ habe ich zu dir gesagt, weil du nicht Recht hast.“ – (zur Mutter) „Spaß macht es zwar nicht, zu verlieren, aber das ist nicht das Schlimmste. Mich ärgert etwas ganz anderes …“ – „Dann aber heraus mit der Sprache!“ …

2 Schreibe die Fortsetzung, für die du dich entschieden hast, in vollständigen Sätzen auf. Denke dir auch einen Schluss aus.

3 EXTRA Lies die Geschichtenanfänge. Entscheide dich für einen und schreibe die Geschichte zu Ende.

Scherben bringen Glück

Tobias wird oft „Pechvogel“ genannt, weil ihm ständig etwas passiert.
Eigentlich wollte er gar nicht auf den Flohmarkt gehen. Aber zu Hause war es so langweilig, dass er schließlich doch losging. Er schlenderte an den Ständen vorbei. An einem Stand blieb er stehen.
Er beugte sich weit über den Tisch, wo ihm die Taschenuhr in der Ecke so gut gefiel. Schon begann eine große Porzellankanne bedrohlich zu wackeln, bis sie mit lautem Krach zu Boden fiel und in tausend Stücke zerbrach. „Herrje! Ich weiß nicht, ob ich so eine Kanne je wieder finde“, jammerte der Händler …

Der richtige Sport für Saskia

Am Samstagnachmittag geht Saskia mit ihren Eltern spazieren. Als sie am Fußballplatz vorbeikommen, bleibt sie stehen, um dem Spiel zuzuschauen. „Da würde ich gern mitmachen“, denkt sie. „Saskia! Wo bleibst du denn?“, rufen ihre Eltern. „Nun komm schon!“ Saskia reißt sich los und trottet hinter ihren Eltern her. Als sie wieder zu Hause sind, nimmt sie ihren Ball und geht auf die Straße. Sie kickt gegen die Wand, köpft den Ball zurück oder stoppt ihn. Dabei hat sie viel Spaß. „Was machst du denn?“, fragt die Mutter zum Fenster heraus. Saskia antwortet nicht.
„Sie sollte lieber hereinkommen und Klavier üben!“, ruft ihr Vater aus dem Hintergrund. „Ich will nicht Klavier spielen“, mault Saskia und schießt den Ball in die Luft. „Ich will lieber kicken!“ Die Mutter setzt ihr Vorwurfsgesicht auf. „Saskia, du benimmst dich unmöglich!“ – „Jetzt reicht’s aber!“, schimpft dann auch der Vater los. „Fußball ist nichts für elfjährige Mädchen.“ – „Woher hat sie nur diesen Fußballtick?“, fragt sich die Mutter. Aber sie sagt: „Wir meinen es doch nur gut mit dir, Saskia. Fußball ist ein wilder, uneleganter Sport …“

Welcher Fall?

1 Bilde Wortgruppen.

unser Klassenzimmer	aus	aus unserem Klassenzimmer
unsere Schule	bei	
unser Lehrer	von	
unsere Direktorin	zu	
unsere Schultür	durch	
unsere Hausmeisterin	mit	
unser Klassensprecher	von	
unsere Aula	gegenüber	

meine Freunde	mit	
meine Mitschüler	von	
mein Freund	bei	
meine Freundin	zu	
mein Partner	mit	
meine Eltern	von	
meine Geschwister	zu	
meine Tante	wegen	

Merke

- Wenn man Substantive/Nomen im Satz verwendet, dann verändert sich die Form des Begleiters und (manchmal) des Substantivs/Nomens. Diese Formveränderung – *das Mädchen, **des** Mädchen**s*** – nennt man **Deklination** (Beugung).
- Substantive/Nomen stehen im Satz in einem bestimmten Fall (Kasus). Welche Form das Substantiv/Nomen im Satz hat, richtet sich nach seinem Geschlecht (männlich, weiblich, sächlich) und nach der Zahl (Einzahl oder Mehrzahl).

Wo oder wohin?

1 Lies die Sätze durch und überlege, ob der Ort (Wo?) oder die Richtung (Wohin?) angegeben wird. Schreibe das richtige Fragewort in die Klammer.

2 Setze die Wortgruppen im richtigen Fall in die Sätze ein. Jede Wortgruppe muss zweimal eingesetzt werden.

die helle Wand

(Wo?) Mit Entsetzen sahen wir die Schmierereien an der hellen Wand.

(Wohin?) Wer schmiert nur immer an die helle Wand?

die alte Turnhalle

(______) Wir gehen heute in ______

(______) Wir waren heute in ______

die linke Tafel

(______) Simona steht an ______

(______) Komm bitte an ______

die neuen Tische

(______) Frau Ziegler stellt sich zwischen ______

(______) Frau Ziegler steht zwischen ______

der hohe Schrank

(______) Der Zettel fliegt unter ______

(______) Der Zettel liegt unter ______

der leere Schulhof

(______) Ein Raubvogel kreist über ______

(______) Ein Raubvogel setzt sich auf ______

3 EXTRA Beschreibe eure Schule oder euren Klassenraum. Verwende die Wörter *an, auf, hinter, in, neben, über, unter, vor* und *zwischen*, z. B.:

Unser Klassenraum befindet sich in der dritten Etage neben dem Physikraum.

______

______

______

Merke

Nach den Wörtern *an, auf, hinter, in, neben, unter, über, vor, zwischen* steht
- der **Dativ** (3. Fall) auf die Frage **Wo?**
- der **Akkusativ** (4. Fall) auf die Frage **Wohin?**

Neue Briefe – alte Briefe

1 Trage die Anreden und Grußformeln in die Tabelle ein. Schreibe die Wendungen, die du sowohl in offiziellen als auch in privaten Briefen verwenden kannst, zweimal auf.

- Sehr geehrte Damen und Herren, …
- Ciao, dein/deine …
- Liebe Frau Lehmann,
- Liebe Grüße …
- Mit freundlichen Grüßen
- Lass es dir gut gehen!
- Seien Sie herzlich gegrüßt von …
- Hi, ihr Lieben,
- Lieber Herr Walter,
- Sehr geehrte Frau Schulze,
- Sehr geehrter Herr Direktor,
- Liebe Lola,
- Hallo, Björn,
- Tschüss
- Bis bald!

	Anrede	Grußformel
offizieller Brief	Sehr geehrte Damen und Herren,	
privater Brief		

deutsch.kombi plus 1

Lösungen zum Arbeitsheft

Erstellt von Helga Paljan

Ernst Klett Verlag
Stuttgart · Leipzig

1 Ich, du - wir

Seite 4
Aufgabe 1:
Sie heißt Anna. Ihr Hobby ist Musik hören. Sie hat vier kleinere Geschwister und ist ihnen gegenüber hilfsbereit. Sie mag keinen Streit.
Sein Name ist Ferhat. Er wurde in Deutschland geboren, in seiner Familie wird zu Hause Türkisch gesprochen.
Er ist sehr sportlich und möchte später Fußballtrainer werden.
Er heißt Igor. Er kam vor fünf Jahren nach Deutschland, in seiner Familie wird zu Hause Russisch gesprochen.
Er sammelt Sticker, aber die meiste Freizeit verbringt er am Computer.
Ihr Name ist Stefanie. Sie interessiert sich für Pferde und liest darüber viel. Sie bedauert es, nur Deutsch zu sprechen. In der Freizeit trifft sie sich oft mit Freundinnen.

Seite 6
Aufgabe 1:
weiß – wissen, berät – beraten, spricht – sprechen, sieht – sehen, liest – lesen, erschrickt – erschrecken, fällt ein – einfallen, vergisst – vergessen,
hilft – helfen, trifft – treffen

Aufgabe 2:
hilft, läuft, hält, trifft ein, lässt, weiß, misst, bringt, kannst

Seite 7
Aufgabe 3:
amüsieren sich, sich ... nennt, ändert sich (nicht), hat sich ... ausgedacht, hält sich, vergnügen sich, freuen sich, fragen sich

Aufgabe 4:
... Die Wettkämpfer treffen sich mit ihren Drachen ... Unser Direktor, ..., erkundigt sich bei der Jury, ... Ein wenig ärgere ich mich, ... Aber dann sagt Elena zu mir: „Freu dich doch, ... Eigentlich wundere ich mich darüber. Einer nach dem anderen bemüht sich, ... ein anderer dreht sich unentwegt. ...

2 Miteinander reden

Seite 9
Aufgabe 4:
Der Anrufer möchte den Termin von einem Spülmaschinenfest wissen.

Aufgabe 5:
Der Anrufer erkennt nicht, dass das Adjektiv „fest" gemeint ist.

Seite 11
Aufgabe 2:
Steffi: ... Ich finde auch, dass Klassensprecher nur die Chefs der Klasse sein wollen, um zu bestimmen. Und bei großen Streitereien schmeicheln sie den Lehrern, um aufzufallen und gelobt zu werden.
Jens Grau: Willst du wirklich auf dein Mitbestimmungsrecht verzichten? Was wäre die Schule ohne die gewählten Schülervertreter? Stell dir vor, dann könnten die Lehrer wirklich alle machen, was sie wollen! (oder .) Aber manchmal muss man ihnen auch sagen, dass sie etwas nicht richtig machen. Meinst du das nicht auch?
Korinna: Ich gehe in eine Schule mit über 1000 Schülern. Unser Klassensprecher hat öfter eine Versammlung. Und was er dort erfährt, teilt er uns sofort mit. Super!
Till: Richtig, Jana! Klassensprecher sollte man abschaffen. Was die können, können wir schon lange! (oder .) Unsere Klassensprecherin spricht immer nur für einige Schüler. Meistens werden die Mädchen bevorzugt.
Ida: Was meinst du, Jana, wer bei uns an der Schule Filmabende, Schuldiskos, die „Kulturarena" und Sporttage organisiert? Das macht der Schülersprecher und die SV. Ich selbst bin Klassensprecherin und sage, wenn in der Klasse etwas nicht passt. Was du schreibst – Blödsinn!
Hendrik: Du hast so Recht! Unser Klassensprecher zum Beispiel, der fühlt sich nur cool, weil er Klassensprecher ist. Aber wenn's drauf ankommt, ist er feige und bringt zwei Streitende nicht auseinander.
Thomas: Überflüssig ist nur der falsche Klassensprecher! (oder.) Denn d-er richtige sollte eure Probleme, Sorgen und Wünsche an eure Lehrer weitergeben und mit ihnen nach Lösungen suchen. Tut er das nicht, löst ihn ab und wählt einen charakterfesten, uneigennützigen Schüler! (oder.) Wählt einen, der für euch kämpft und dem ihr vertraut! (oder.) Wählt klug!

3 Bildergeschichten

Seite 14
Aufgabe 1 + 2:
A rufen – er ruft – er rief
fallen – sie fällt – sie fiel
schlafen – er schläft – er schlief
halten – sie hält – sie hielt
erhalten – er erhält – er erhielt
heißen – sie heißt – sie hieß
raten – er rät – er riet
lassen – sie lässt – sie ließ
schreiben – er schreibt – er schrieb
steigen – sie steigt – sie stieg
entscheiden – er entscheidet – er entschied
schweigen – sie schweigt – sie schwieg

B essen – er isst – er aß
beschließen – sie beschließt – sie beschloss
vergessen – er vergisst – er vergaß
verlassen – sie verlässt – sie verließ

Seite 15
Aufgabe 3:
1. Anja liegt auf dem Bett, sie liest, die Katze steht im Fenster, der Vogel sitzt im Käfig.

2. Die Katze sitzt auf dem Käfig, sie greift nach dem Vogel, Anja sieht zum Käfig.

3. Der Vogel beißt die Katze in den Schwanz, die Katze schreit, Anja steht auf.
4. Die Katze springt vom Käfig, sie kippt ihn gegen die große Vase, der Vogel flattert, Anja hält den Käfig fest.
5. Die Katze springt aus dem Fenster, Anja sieht die Scherben.
6. Anja schreibt die Schadensanzeige.

Aufgabe 4:
1. lag, las, stand, saß
2. saß, griff, sah
3. biss, schrie, stand auf
4. sprang, kippte, flatterte, hielt fest,
5. sprang, sah,
6. schrieb

4 Vorhang auf

Seite 16
Aufgabe 2:
(2) Ist das eine herrliche Luft! Und diese Ruhe! Wonach duftet es eigentlich? Riechen Pilze so? Was für schöne alte Bäume! Ah, die Bank steht ja genau richtig. Da kann ich in Ruhe die schöne Aussicht genießen.
(4) Und was nun? Wir können doch hier nicht ewig sitzen!
(1) Na, die hat ja wirklich einen neuen Anstrich nötig. Na bitte, das habe ich doch prima hingekriegt! Da muss ich mich loben. So, jetzt hole ich aber schnell noch das Warnschild.
(3) Ach, du meine Güte. Mensch, hier ist frisch gestrichen! Kommen Sie bloß hoch!

Seite 17
Aufgabe 2:
1. Über einen Marathonlauf.
2. Mehr als 40 km.
3. leichtfüßig, überhaupt nicht erschöpft, lässig
4. Der vierte Läufer hat sich 40 km im Taxi fahren lassen, ist also ein Betrüger.

Seite 18
Aufgabe 1:
1. *der* Wal – *der* Wall,
2. *die* Gasse – *die* Gase,
3. *die* Hüte – *die* Hütte,
4. *der* Aal – *das* All,
5. *die* Rassen – *der* Rasen,
6. *die* Rate – *die* Ratte,
7. *sie* lassen – *sie* lasen,
8. *der* Ofen – offen,
9. *der* Schal – *der* Schall;

(in der Reihenfolge vertauschbar: 2., 3., 6., 7., 9.)

Aufgabe 2:

Mitsprechen	Besonderheiten beachten
Zuschauer → Zu – schau – er	Pantomime
Partnerin → Part – ne – rin	Bühne
Zauberer → Zau – be – rer	Szene
Zungenbrecher → Zun – gen – bre – cher	Aufführung
schlafwandeln → schlaf – wan – deln	Theater
Roboter → Ro – bo – ter	
Rolle → Rol – le	
Körperbewegung → Kör – per – be – we – gung	

5 Geschichten über uns

Seite 21
Aufgabe 2 + 3:
Die aufgeschriebene Geschichte ist die zweite, denn sie ist gut durchdacht und straff erzählt ohne Wiederholungen. Sie enthält treffende Ausdrücke und ist im Präteritum erzählt:

So ein Schreck!
Zeile 5–6: Plötzlich hörte ich ein leises, aber deutliches Rascheln zu meinen Füßen. Was war das? …
Zeile 7–8: Durch das Laub und mir bedrohlich nahe kroch eine Schlange. Ich erstarrte nun gänzlich vor Schreck. Plötzlich jedoch …

Die erste Geschichte ist die mündliche Erzählung. Der Erzähler redet seine Zuhörer an, er macht Pausen und wiederholt sich, er verwendet die Umgangssprache und häufig Perfektformen:

Ich muss euch was erzählen
Zeile 5ff.: Plötzlich hat es geraschelt. Was glaubt ihr, was ich da zu meinen Füßen gesehen hab'? Eine – ja, eine echte Schlange! … Ich hab' vor Schreck … die Luft angehalten, … Aber dann – dann …

Seite 21
Aufgabe 4 EXTRA:

Merkmal	Beispiele
Zuhörer in der mündlichen Geschichte direkt angesprochen	*Und wisst ihr, woran ich das erkannt hab'?* Ich muss euch was erzählen! Was glaubt ihr, was ich da ... gesehen hab'?
Wiederholung von Wörtern oder Wortgruppen, besonders am Satzanfang	*Aber dann – dann hat die Schlange ...* *Es war – es war nur eine harmlose Ringelnatter!*
Verwendung der Umgangssprache	*Neulich hab´ ich ...* *´nem kleinen Teich – ...* *... so ´nem ...*
Verwendung des Perfekts in der mündlichen Geschichte häufiger	Neulich hab´ ich einen ganz schönen Schreck gekriegt ... Ich hab' geträumt, ich wär' ... gegangen.
Satzabbrüche, Einschübe, Pausen in der mündlichen Geschichte	..., sodass ich schon losgegangen bin – also bin ich schon mal vorausgerannt ... ... – also so ´nem Tümpel im Wald – ... Sonst – na, ihr kennt ihn ja – hätte er mich sicher ausgelacht.
vorwiegend Verwendung des Präteritums in der schriftlichen Erzählung	Gestern träumte ich ... Was war das? Da mein Bruder als Erster suchen sollte, *war* ich bereits ein Stück *vorausgelaufen.*

Seite 22
Aufgabe 2:
1. Ich habe mir ... gemerkt. 2. Ich habe mich ... geärgert. 3. Da habe ich mich gewundert. 4. Ich habe mich ... erinnert. 5. Wie habe ich mich ... gefreut! 6. Darüber habe ich mich aufgeregt. 7. Das habe ich mir ... vorgenommen. 8. Das habe ich mir anders vorgestellt. 9. Ich habe mich ... verabschiedet. 10. Ich habe mich ... unterhalten.

Seite 23
Aufgabe 1:
1. Patricia: Ich habe ... gesehen. 2. Boris: Wir haben ... gefunden. 3. Sascha: Eine riesige Spinne ist ... gelaufen. 4. Hanka: Ich habe ... besucht. 5. Aldin: Wir haben ... getroffen. 6. Nana: Ich habe ... ausgeliehen. 7. Karl: Wir haben ... gekauft. 8. Sina: Wir haben ... gegessen. 9. Sergej: Wir sind ... gewesen. 10. Antonia: Ich habe ... verloren. 11. Mark: Ich bin ... geflogen.

6 Fantastisches

Seite 26
Aufgabe 1:
Das Sams
Wer|oder|was|ist|das|Sams? Das|Sams|ist|eine|fröhliche, aber|auch|sehr|freche| fantasiegestalt. Das|Sams|gehört|dem|schüchternen| Bruno, dessen|leben|es|ganz|schön|in|unordnung| bringt. Es|hat|immer|einen|bärenhunger – nichts|ist|vor|ihm|sicher. Am|liebsten|isst|es|aber| leberwürstchen. Das|Sams|verhält|sich|nicht|nur| merkwürdig, es|sieht|auch|sonderbar|aus. Es|ist| rothaarig|und|statt|einer|gewöhnlichen|nase| verschönert|eine|rüsselnase|sein|blau|gepunktetes| gesicht. Das|Sams|ist|modebewusst, deshalb|trägt| es|einen|blaugelben|taucheranzug – natürlich|passend| zu|den|punkten. Mit|den|dunkelblauen|punkten|hat|es| eine|besondere|bewandtnis: Das|sind|nämlich|wunschpunkte. Damit|erfüllt|das|Sams|seinem|„papa"|jeden|wunsch.

Aufgabe 2, 3, 4: (Die Zahlen in Klammern bezeichnen die Nummern der Testfragen aus dem Merke-Kasten.)
Das Sams (1, 2)
Wer oder was ist das Sams **(1, 2)**? Das Sams **(1, 2)** ist eine fröhliche, aber auch sehr freche Fantasiegestalt **(2, 4)**. Das Sams **(1, 2)** gehört dem schüchternen Bruno **(1, 2, 4)**, dessen Leben **(4)** es ganz schön in Unordnung **(1, 3)** bringt. Es hat immer einen Bärenhunger **(2)** – nichts ist vor ihm sicher. Am liebsten isst es aber Leberwürstchen **(1, 3)**. Das Sams **(1, 2)** verhält sich nicht nur merkwürdig, es sieht auch sonderbar aus. Es ist rothaarig und statt einer gewöhnlichen Nase **(1, 2, 4)** verschönert eine Rüsselnase **(1, 2)** sein blau gepunktetes Gesicht **(1, 4)**. Das Sams **(1, 2)** ist modebewusst, deshalb trägt es einen blaugelben Taucheranzug **(1, 2, 4)** – natürlich passend zu den Punkten **(1, 2)**. Mit den dunkelblauen Punkten **(1, 2, 4)** hat es eine besondere Bewandtnis **(2, 3, 4)**: Das sind nämlich Wunschpunkte **(2, 4)**. Damit erfüllt das Sams **(1, 2)** seinem „Papa" **(1, 4)** jeden Wunsch **(4)**. (insgesamt 23 Substantive/Nomen)

Seite 27
Aufgabe 1:
das Aussehen des Sams

der Sommer	+ die Sprossen	→ die Sommersprossen,
der Knopf	+ die Augen	→ die Knopfaugen,
der Haken	+ die Nase	→ die Hakennase,
die Locke	+ die Mähne	→ die Lockenmähne,
der Hase	+ die Zähne	→ die Hasenzähne,
die Kugel	+ der Bauch	→ der Kugelbauch

die Kleidung des Soms

die Wolle	+ die Hose	→ die Wollhose,
die Hose	+ der Träger	→ der Hosenträger,
der Rollkragen	+ der Pullover	→ der Rollkragenpullover,
der Pudel	+ die Mütze	→ die Pudelmütze,
der Regen	+ der Mantel	→ der Regenmantel,
die Seide	+ der Schal	→ der Seidenschal

7 Geheimnisvolle Vorgänge

Seite 30
Aufgabe 2:

b oder p?	d oder t?	g oder k?
schrieb ↔ schrie-ben	Fund ↔ Fun-de	stieg ↔ stie-gen
starb ↔ star-ben	fand ↔ fan-den (2x)	Tag ↔ Ta-ge
gab ↔ ga-ben	Tod ↔ (zum) To-de (2x)	strittig ↔ stritti-ger
blieb ↔ blie-ben	Rotwild ↔ wil-dern	zog ↔ zo-gen
ergab ↔ erga-ben	Nadelwald ↔ Nadelwäl-der	wenig ↔ weni-ger
	bekannt ↔ bekann-te	
	durchbohrt ↔ durchbohr-ten	
	befand ↔ befan-den	

Seite 31
Aufgabe 3:

1 BEULE	7 FEUER	13 RÄUME
2 LEUTE	8 LÄUSE	14 EULE
3 TEUER	9 FREUNDE	15 BÄUME
4 LEUCHTTURM	10 TRÄUME	16 MÄUSE
5 HÄUSER	11 ZÄUNE	17 NEUN
6 AUFRÄUMEN	12 FLUGZEUG	

Lösungswort: ABENTEUER

8 Und wie geht es weiter?

Seite 34
Aufgabe 1:
aus unserem Klassenzimmer, *bei* unserer Schule, *von* unserem Lehrer, *zu* unserer Direktorin, *durch* unsere Schultür, *mit* unserer Hausmeisterin, *von* unserem Klassensprecher, *gegenüber* unserer Aula;
mit meinen Freunden, *von* meinen Mitschülern, *bei* meinem Freund, *zu* meiner Freundin, *mit* meinem Partner, *von* meinen Eltern, *zu* meinen Geschwistern, *wegen* meiner Tante

Seite 35
Aufgabe 1 + 2:

(Wo?) Mit Entsetzen sahen wir die Schmierereien an der hellen Wand.
(Wohin?) Wer schmiert nur immer an die helle Wand?
(Wohin?) Wir gehen heute in die alte Turnhalle.
(Wo?) Wir waren heute in der alten Turnhalle.
(Wo?) Simona steht an der linken Tafel.
(Wohin?) Komm bitte an die linke Tafel.
(Wohin?) Frau Ziegler stellt sich zwischen die neuen Tische.
(Wo?) Frau Ziegler steht zwischen den neuen Tischen.
(Wohin?) Der Zettel fliegt unter den hohen Schrank.
(Wo?) Der Zettel liegt unter dem hohen Schrank.
(Wo?) Ein Raubvogel kreist über dem leeren Schulhof.
(Wohin?) Ein Raubvogel setzt sich auf den leeren Schulhof.

9 Briefgeheimnisse

Seite 36
Aufgabe 1:

	Anrede	Grußformel
offizieller Brief	*Sehr geehrte Damen und Herren,* Sehr geehrter Herr Direktor, Sehr geehrte Frau Schulze,	Mit freundlichen Grüßen Seien Sie herzlich gegrüßt von ... Bis bald!
privater Brief	Liebe Frau Lehmann, Lieber Herr Walter, Hallo, Björn, Hi, ihr Lieben, *auch:* Hi, Ihr Lieben, Liebe Lola,	Seien Sie herzlich gegrüßt von ... Ciao, dein/deine ... *auch:* Ciao, Dein/Deine ... Liebe Grüße ... Lass es dir gut gehen! *auch:* ... Dir ... Tschüss *auch:* Tschüs Bis bald!

Seite 37
Aufgabe 3:

Unterschiede	thilo@thilo.de an mama@thilo.de	W. A. Mozart (13) an seine Mutter
Schreiben und Übermittlung	mit Hilfe des Computers geschrieben, als elektronische Post (E-Mail) über das Internet versendet, ausdruckbar	handschriftlich mit Schreibfeder und Tinte auf Papier geschrieben, im Umschlag mit der Postkutsche befördert
Sprache	modern, knapp, mit Wörtern der Jugendsprache (irre, super), englischem Einfluss (Anrede) und besonderen Zeichen (Smiley)	ausführlich, mit altmodisch wirkenden Ausdrücken (entzücket, galant, ...), mit komplizierten Sätzen und ungewohnter Satzgliedstellung
Verhältnis zur Mutter	liebevoll, natürlich, locker	liebevoll (Anrede), vor allem respektvoll

Seite 37
Aufgabe 4 EXTRA:

Wirgl, Dezember 1769

Allerliebste Mama,
mein Herz ist völlig entzückt aus lauter Vergnügen, weil mir auf dieser Reise so lustig ist, weil es so warm ist in dem Wagen und weil unser Kutscher ein galanter Kerl ist, welcher, wenn es der Weg ein bisschen zulässt, so geschwind fährt. Die Reisebeschreibung wird mein Papa der Mama schon erklärt haben. Die Ursache, dass ich der Mama geschrieben, ist, zu zeigen, dass ich meine Schuldigkeit weiß (kenne), mit der ich bin in tiefstem Respekt Ihr getreuer Sohn
Wolfgang Mozart

Seite 38
Aufgabe 3:
Sehr geehrter Herr Ulrich,
wie Ihnen bekannt ist, sind die Toiletten an unserer Schule ein großes Problem. Täglich können Sie ja selbst sehen, ... Neulich wurden Toiletten aus ihren Verankerungen gerissen.
Trotzdem wenden wir uns gegen Ihre Absicht, ... Die 8. Klassen haben mit ihren Vorschlägen ... Zeichen gesetzt.
Wir, die drei 5. Klassen, haben überlegt, wie wir das Toilettenproblem an unserer Schule lösen können. Wir bitten um einen Termin, um Ihnen unsere Vorschläge zu erklären.

Seite 39
Aufgabe 5:
euch, euch, ihm, er, eurem, euch, ihr, euch, euch, ihn, mir

10 Der Traum vom Fliegen

Seite 40
Aufgabe 1:
Die Arbeitsschritte stehen in der Reihenfolge: **4, 3, 2, 6, 7, 5, 1**

Seite 41
Aufgabe 1:
Zu unterstreichen sind:
1. Zuerst ... du dir ...
2. Nun ... du ..., ... du
3. Bevor du ..., ... du ... Du ...
4. Dann ...: ... du ..., ... du ... du ...
5. Anschließend ... du ..., ... du ...
6. Wenn du ..., ... dir ... deinen ...

Aufgabe 2:
1. Zuerst macht man sich ... Schablonen: ...
2. Nun schneidet man ..., ... nimmt man ...
3. Bevor man ... zusammenklebt, legt man ... dazwischen. Man darf ... nicht vergessen.
4. Dann ...: ... nimmt man ..., schneidet ... aus und klebt ... auf. ... kann man ... lochen und ... malt man ... auf.
5. Anschließend schmückt man ..., ... man ... aufklebt.
6. Wenn man ... will, lässt man sich von seinen ...

Seite 42
Aufgabe 1:
Liebe, Ziel, Wiese, Tier, Liege, Dieb, niesen, Spiel, Biene, wieder; *auch:* Lieder, wie, Wiesen, Zier, Bier, Ziege, Wiege, biege, lieb, rieb, liebe

Aufgabe 2:
Hiebe, viel, diese, Bier, Wiege, Sieb, Riesen, Sieg, Schiene, Lieder; auch: Hieb, vier, Biese, Biege, Siege, Riege, diene, bieder, Liebe, Siebe, biege

Seite 43
Aufgabe 1:
Linie, Biber, Lilie, Krise, mir, dir, gibt, wir, Bibel, Klima, Tiger, Klinik, Benzin, Maschine, Ventil

Aufgabe 2:
Mandarine, Kusine, Sardine, Mandoline, Maschine, Sabine, Termine, Clementine, Violine, Praline, Margarine, Rosine, Ruine, Kabine

11 Handschriften

Seite 45
Aufgabe 2:
Leselust, Wolfsburg

Aufgabe 4:
Kleiner Streit
„Ich bin zweifellos größer als du",
sprach zum Einer der Zweier.
„Dreister Kerl, prahle nicht so!",
knurrte der größere Dreier.
„Und ich,", rief der Einer, „bin zwar der Kleinste,
aber dafür bestimmt auch der Feinste."

Seite 46
Aufgabe 1:

Substantive/ Nomen	Verben	Adjektive
die Qualle, die Quelle, der Quark, das Aquarium, die Quittung	qualmen, quetschen, quatschen, quälen, quaken	quadratisch, quirlig, bequem

Aufgabe 2:
Veilchen, Vase, Vater, violett, Vulkan, feiern *oder* Feiern, Fund, Villa, Ferkel, vorne, viel oder fiel, fliegen *oder* Fliegen, fleißig, finden, Vieh, Feuer, fürchten, Vampir, Fabrik, Floh *oder* floh, Vogel

Seite 47
Aufgabe 3:
1. wiederholen, 2. wiedergeben, 3. wiederkäuen, 4. wiederkommen, 5. Widerstand, 6. widersprechen

12 Lesen üben – mit Sprache spielen

Seite 48
Aufgabe 4:
Schneckenhaus, Wasserhahn, Wind- oder Kaffeemühle

Seite 49
Aufgabe 5:
Vor langer Zeit lebte ein König, der hatte eine wunderschöne Tochter. Beim Schloss des Königs lag ein dunkler Wald. In dem Wald war unter einer Linde ein Brunnen. Dort spielte die Königstochter oft mit einer goldenen Kugel.
Eines Tages fiel die Kugel in den Brunnen, der so tief war, dass man keinen Grund sehen konnte. ...

Seite 50
Aufgabe 3: (Subjekte, **Prädikate**, *Objekte*)
Anja **angelt** *Aale*. Dieter **dressiert** *drollige Dackel*. Françoise **feiert** *fröhliche Feste*. Gregor **genießt** *große Granatäpfel*. Indira **isst** *indische Inselspezialitäten*. Mohammed **malt** *Moscheen*. Raissa **reitet** *riesige Rösser*. Zambo **zerschneidet** *zehn Zitronen*.

13 Fabelhaft

Seite 52
Aufgabe 2:
Zu unterstreichen sind: einzigen Fisch; sein Spiegelbild schwamm auf dem Wasser; tauchte ... nach dem Spiegelbild des Mondes; über die Ente, die den Mond hatte fangen wollen; schämte sich ... sehr; hatte Angst, dass die anderen Tiere des Sees wieder über sie lachen würden; wurde schwächer und schwächer; in einem See voller Fische

Seite 53
Aufgabe 3:
1. Die Maus glaubte, dass die Schnecke schwer an ihrem Haus schleppen würde. 2. Sie kennt es nicht anders. 3. Das Haus bietet auch Schutz vor Regen und Gefahr. 4. Die Schnecke versteckte sich in ihrem Haus, die Maus aber musste rennen, um sich in einem Loch zu verstecken. 5. Die Maus erkannte die Vorteile des Schneckenhauses.

Aufgabe 4: EXTRA
1. Aus der Fabel „Die Ente, die den Mond fangen wollte" kann man lernen, dass Eitelkeit und Scham jemanden ins Unglück stürzen können.
2. Aus der Fabel „Die Maus und die Schnecke" kann man lernen, dass man Überheblichkeit spätestens durch eigene schmerzliche Erfahrung überwindet.

Seite 54/55
Aufgabe 3 + 4:
„Wenn die Katze", sagte sie, „um den Hals ein Glöckchen trüge, würde dieses bei jedem Schritt erklingen und uns warnen, so dass wir genügend Zeit hätten, ungefährdet unser Loch zu erreichen." „Das ist eine ausgezeichnete Idee", sagten die anderen Mäuse – bis auf eine, die meinte: „Der Vorschlag ist ausgezeichnet. Aber wer von uns wird der Katze das Glöckchen umhängen?"

Seite 55
Aufgabe 7: EXTRA
Der Fuchs sagte zum Esel: „Ich will zuerst zum Löwen gehen und mit ihm reden, damit er uns beide in Frieden lässt." Dem Löwen bot er aber an: „Ich liefere dir den Esel aus, wenn du mich dafür ungeschoren lässt."
Der Löwe ging scheinbar darauf ein: „Ja, gut."
Der Fuchs erzählte dem Esel: „Der Löwe ist einverstanden. Ich kenne auch einen guten Weg, den wir gemeinsam gehen können."

14 Als das Wünschen noch geholfen hat

Seite 57
Aufgabe 1:
eine *Frau*, die sehr müde ist;
ein *Junge*, der fliegen lernt;
ein *Bussard*, der sehr kinderlieb ist;
ein *Förster*, der im Wald arbeitet;
ein *Mädchen*, das sein Essen teilt und eine gute Freundin wird;
eine *Mutter*, die oft schimpft

Aufgabe 2:
Reihenfolge der Orte: 3, 4, 5, 6, 2, 1

Seite 59
Aufgabe 2:
Zu unterstreichen sind: kleine, ① kleiner, kleinen, großer, kleine, ② höher, höher, kleine, größer, ③ höher, kleinen, funkelnden, kleine, kleinen, mächtiger, ④ kleines, ganze, kleinen, ältesten, ⑤ kleine, kleinen, eilig

Aufgabe 3:
klein – kleiner – am kleinsten, groß – größer – am größten, hoch – höher – am höchsten, mächtig – mächtiger – am mächtigsten, alt – älter – am ältesten, eilig – eiliger – am eiligsten

15 Sagenhaftes überall

Seite 60
Aufgabe 2:
Zu unterstreichen sind:
1. eine große Kirche, einen Dom,
2. Die besten Fachleute
3. Aus aller Welt
4. ein Mann, der komisch wirkte. Er behielt seine Mütze auf dem Kopf, er hinkte ein wenig und in seiner Nähe roch es nach Schwefel.
5. er brauchte gute Leute für den Bau, und der Fremde schien fähig zu sein
6. was denn überhaupt gebaut werden sollte
7. Er schleppte heran, was zum Bau gebraucht wurde. Aus den entferntesten Gegenden trug er die schwersten Steine heran.

8. dem Teufel einen Streich zu spielen
9. die Glocken läuten
10. In seiner Wut schleuderte er den schweren Stein auf den Dom, um ihn zu zerstören.

Seite 62
Ausgabe 1:
Führung, verführen, Lehrer, nehmen, aufführen; angenehm, Aufführung, fahren, Lehrling, vornehm, erfahren; belehren, Fahrer, gefährlich, Benehmen, gelehrt

Ausgabe 2:
1. Führung, verführen, aufführen, Aufführung
2. Lehrer, Lehrling, belehren, gelehrt
3. nehmen, angenehm, vornehm, Benehmen
4. fahren, erfahren, Fahrer, gefährlich

16 Was liest du denn gerade?

Seite 65
Aufgabe 2:
Paolo nimmt das Buch 3.
Lukas sucht sich das Buch 2 aus.
Laura wählt das Buch 1.

Seite 66
Aufgabe 1:

Einzahl:	der Fluss	der Schuss	der Guss
Mehrzahl:	die Flüsse	die Schüsse	die Güsse
Verb:	fließen	schießen	gießen
Einzahl:	der Spaß	der Gruß	der Stoß
Mehrzahl:	die Späße	die Grüße	die Stöße
Verb:	spaßen	grüßen	stoßen
Einzahl:	der Riss	der Biss	der Kuss
Mehrzahl:	die Risse	die Bisse	die Küsse
Verb:	reißen	beißen	küssen
Einzahl:	der Fuß	das Floß	der Pass
Mehrzahl:	die Füße	die Flöße	die Pässe
Verb:	fußen	flößen	passen

Seite 67
Aufgabe 1:
Katrin: dass, Das
Verena: Das, dass
Daniel: dass das, Das
Sandra: Das, dass

17 Tieren auf der Spur

Seite 69
Aufgabe 4:
1. das Hermelin
2. braune Oberseite mit gelblich-weißem Bauch
3. ganz weiß mit schwarzer Schwanzspitze
4. im Mittelmeergebiet
5. eine Art
6. 12 Jahre

Seite 70
Aufgabe 1:
Zu unterstreichen und mit Artikel aufzuschreiben sind:
1. a) die Fährte, 2. b) das Kaninchen, 3. c) das Rentier, 4. a) der Tiger, 5. b) die Apotheke, 6. a) der Rhythmus, 7. b) ziemlich, 8. c) vorwärts, 9. c) das Theater

Aufgabe 2:
1. Gans → z.B. Fidibus, S. 151: Gänserich, Gänseblümchen, Gänsefüßchen; Wildgans, Gänslein

2. Affe → z.B. Fidibus, S. 16: affenartig, Affenhitze, affig, Äffin; nachäffen, Menschenaffe, Affenliebe

3. Spinne → z.B. Fidibus, S. 383: spinnefeind, spinnen, Spinnennetz, Spinner, Spinnerin, Spinnrad; Kreuzspinne

Seite 70
Aufgabe 3: (nur Bedeutung)
1. ***tabu*** → verboten, unantastbar
2. ***privat*** → nicht öffentlich, persönlich, vertraut
3. ***relativ*** → verhältnismäßig

Seite 71
Aufgabe 4:
Alligator, Biber, Dromedar, Eisbär, Leopard, Panda, Ringelnatter, Schildkröte

Lösungswort: TIERPARK

Aufgabe 5: EXTRA
1. *Kakteen (z.B. Fidibus, Seite 205),*
2. gar nicht (S. 8),
3. *ich habe* gewunken + *ich habe* gewinkt (S. 468),
4. *das Schiff ist* gesunken (S. 375),
5. der *Radiergummi* (S. 323),
6. Entstehung (S. 117), Endfassung
7. Katastrophe (S. 210),
8. *er/sie* erschrickt = bekommt einen Schreck, *er/sie* erschreckt = jagt jemandem einen Schreck ein (S. 122),
9. beides: *Er hat recht oder Recht.* (S. 328),
10. *trotz des schlechten Wetters* (S. 416)

Das in den Lösungen erwähnte Wörterbuch „Fidibus" ist im Klett Verlag erschienen:

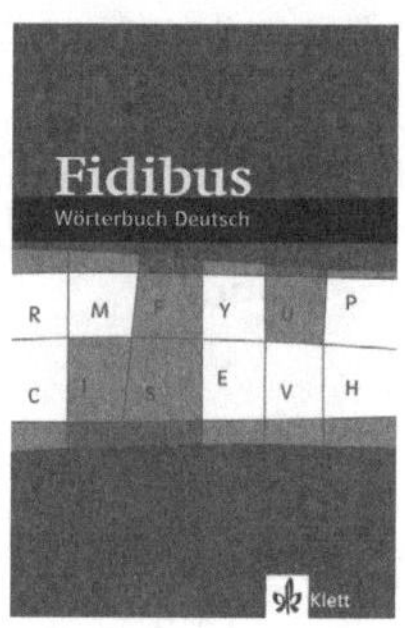

Fidibus. Wörterbuch Deutsch
fester Einband, 540 Seiten
ISBN 978-3-12-320882-9
9,95 EUR

2 Lies beide Briefe und vergleiche.

Mail | Sendeoptionen

Von: thilo@thilo.de CC:

An: mama@thilo.de BK:

Betreff: viele Grüße

Hallo Mum, hier kommt ein E-Mail-Gruß von mir. Wir sind gerade in einem Internetcafé. Unser Trainingslager ist irre hart ☺, aber super. Wir haben viel Spaß. Mach dir keine Sorgen, es geht mir gut. Die Erkältung ist wirklich vorbei, ehrlich! Ich muss jetzt Schluss machen, die anderen wollen auch noch ran.
Kuss. Thilo

Brief des dreizehnjährigen W. A. Mozart an seine Mutter

Allerliebste mamma! Wirgl*, Dezember 1769**

Mein Herz ist völlig entzücket aus lauter Vergnügen, weil mir auf dieser reise so lustig ist, weil es so warm ist in dem wagen und weil unser gutscher ein galanter*** kerl ist. Welcher, wenn es der weg ein bischen zuläßt so geschwind fahrt. Die reisebeschreibung wird mein papa der mama schon erkläret haben, die ursache daß ich der Mama geschrieben ist, zu zeigen, daß ich meine schuldickeit weis, mit der ich bin in tiefsten Respect ihr getreuer sohn

Wolfgang Mozart

* *Wirgl: Wörgl bei Innsbruck (Österreich); Mozart befand sich mit seinem Vater auf einer Reise nach Italien.*

** *Mozart (27. 01. 1756 – 05. 12. 1791) war zu dieser Zeit dreizehn Jahre alt.*

*** *galant: besonders höflich, freundlich*

3 Welche Unterschiede bestehen zwischen beiden Briefen? Schreibe diese auf.

4 EXTRA Schreibe Mozarts Brief in der heute gültigen Rechtschreibung.

Briefe helfen weiter

Sehr geehrter Herr Ulrich,

wie __________ bekannt ist, sind die Toiletten an __________ Schule ein großes Problem. Täglich können __________ ja selbst sehen, wie die Wände bekritzelt und die Rollen in den Abfluss geworfen werden. Neulich wurden Toiletten aus __________ Verankerungen gerissen.

Trotzdem wenden wir uns gegen __________ Absicht, bestimmte Toilettenbereiche vollständig zu schließen. Die 8. Klassen haben mit __________ Vorschlägen, wie z. B. Eigenreinigung, Verleihung der „Goldenen Klobürste", Zeichen gesetzt. Wir, die drei 5. Klassen, haben überlegt, wie wir das Toilettenproblem an __________ Schule lösen können. Wir bitten um einen Termin, um __________ __________ Vorschläge zu erklären.

Für die Schülervertretung

mit freundlichen Grüßen

. . .

ihren

ihren

Sie

unserer

unsere

Ihre

Ihnen

unserer

Ihnen

1 Versuche, den Brief der Schülervertretung an den Direktor ihrer Schule zu verstehen, obwohl einige Wörter fehlen.

2 Gib mit eigenen Worten kurz wieder, was die Schülervertretung geschrieben hat.

3 Ergänze in dem Brief die fehlenden Fürwörter (Pronomen).

Merke

Wenn jemand mit „Sie" angesprochen wird, werden die Anredepronomen *Sie, Ihr, Ihre, Ihnen* großgeschrieben.

Carina und
Janus Petersen
Plönzeile 35
12459 Berlin

13. Juli

Liebe Carina, lieber Janus,
viele liebe Grüße aus dem Urlaub sendet ________ Pia.
Wir haben so ein Glück mit dem Wetter, es sind jeden Tag 30 Grad.
Wie ist es denn bei ________? Ich hoffe, nicht so warm.
Bello kann solche Hitze nicht ausstehen. Wie geht es ________ überhaupt? Verträgt ________ sich mit ________ Kater? Oh, entschuldigt, jetzt habe ich nicht mal gefragt, wie es ________ geht. Ich hoffe, ________ genießt die Ferien genauso wie ich. Ich freue mich, ________ bald wiederzusehen! Lasst es ________ gut gehen. Grüßt Felix und knuddelt ________ von ________.
Liebe Grüße
Pia

eurem | ihn | euch | euch | er | euch | ihr | euch | euch | ihm | mir

4 Lies den Brief. Gib mit eigenen Worten kurz wieder, was Pia schreibt.

____

____

____

5 Ergänze in dem Brief die fehlenden Fürwörter (Pronomen).

6 EXTRA Erfinde einen kurzen Brief an einen Erwachsenen oder einen Freund. Lade ihn ein oder teile ihm etwas Wichtiges mit. Achte auf die Schreibung der Anredepronomen.

____

____

____

____

____

____

____

Fliegende Kullerfische

Du langweilst dich auf einem Familienfest? Nicht nötig, denn im Nu sind fliegende Kullerfische gebastelt. Du brauchst dafür noch nicht einmal besonderes Papier. Wenn du sie aus einer bestimmten Höhe fallen lässt, dann trudeln sie zu Boden.

1 Lies die Arbeitsschritte und nummeriere sie in der richtigen Reihenfolge.

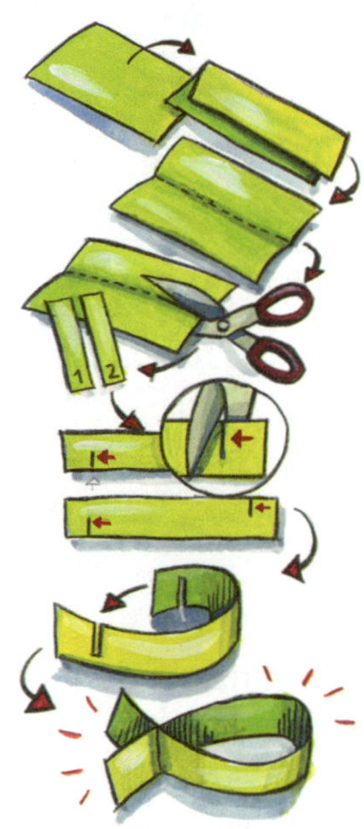

○ den Streifen in der Mitte auseinanderschneiden

○ das Blatt in der Mitte auseinanderfalten

○ das Blatt in der Mitte zusammenfalten und knicken

○ die gegenseitig eingeschnittenen Teile ineinanderstecken

○ den vorderen Teil des Fisches ausgerundet lassen, nicht knicken

○ den Streifen an den Enden einmal von oben und einmal von unten bis zur Hälfte einschneiden

(1) ein beliebiges Blatt Papier und eine Schere bereitlegen

2 Schreibe nun die vollständige Bastelanleitung in dein Heft. Verwende die *du*-Form, z. B.:
Zuerst legst du ein beliebiges Blatt Papier und eine Schere bereit.

Verwende zum Verbinden der Arbeitsschritte solche Wörter wie

zunächst, zuerst, als Erstes, anschließend, als Nächstes, dann, danach, jetzt, nun, schließlich, zum Schluss, als Letztes, am Ende, zuletzt.

Tanzende Drachen

1 **Lies die Bastelanleitung. Unterstreiche darin die Wörter, die zeigen, in welcher Reihenfolge die Arbeitsschritte erfolgen. Unterstreiche auch die Anredeform.**

Für den Drachen brauchst du:
- Filz in verschiedenen Farben
- Transparentpapier
- ca. 20–30 cm Bindfaden
- ca. 50 cm Nylonfaden
- Pappe
- Bleistift und Lineal
- Filzstift
- Schere und Klebstoff
- etwas farbiges Papier für die Augen

1. Zuerst machst du dir aus der Pappe Schablonen: das Viereck für den Drachenkörper (ca. 8 cm breit und 10 cm hoch), das Dreieck für die Ohren (ca. 2 cm) und die Schleife für den Hals (etwa 3 cm breit).

2. Nun schneidest du mithilfe der Schablonen zwei Vierecke und zwei Dreiecke aus dem Filz, für die fünf Schleifen nimmst du das Transparentpapier.

3. Bevor du die beiden Vierecke zusammenklebst, legst du die Dreiecke als Ohren dazwischen. Du darfst auch den 30 cm langen Bindfaden als Schwanz an der unteren und den Nylonfaden zum Aufhängen an der oberen Ecke nicht vergessen.

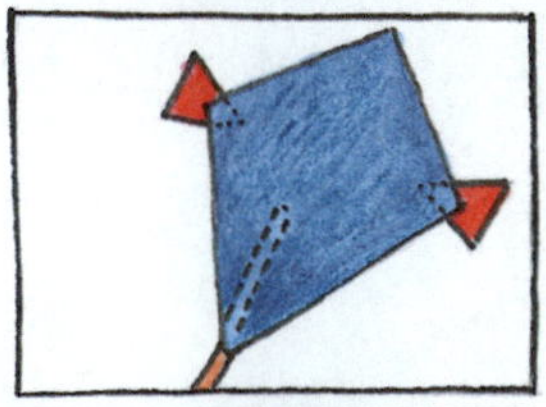

4. Dann kommt das Gesicht: Für die Nase nimmst du einen Cent als Schablone, schneidest sie aus dem Filz aus und klebst sie auf. Für die Augen kannst du farbiges Papier lochen und den Mund malst du mit Filzstift auf.

5. Anschließend schmückst du den Schwanz, indem du die fünf Schleifen aus Transparentpapier auf den Bindfaden klebst.

6. Wenn du den Drachen jetzt am Fenster aufhängen willst, lass dir von deinen Eltern helfen. Er macht sich zum Beispiel gut an der Gardinenstange und wenn eine Heizung darunter ist, wird der Drachen durch die aufsteigende Wärme hin- und hertanzen.

2 **Schreibe die Arbeitsschritte in der unpersönlichen Form auf, z. B.:**

Zuerst macht man sich aus der Pappe Schablonen: …

(Quelle: http://www.basteln-gestalten.de/drachen-basteln)

Wörter mit *ie*

1 Bilde möglichst viele *ie*-Wörter. Die Farben und Pfeile helfen dir dabei, z. B.:

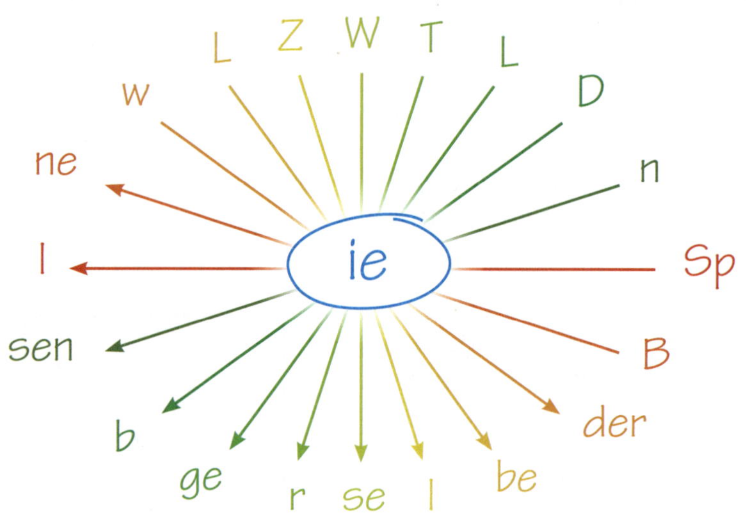

Liebe, Ziel …

2 Und wie viele Wörter kannst du hier bilden? Schreibe sie auf, z. B.:

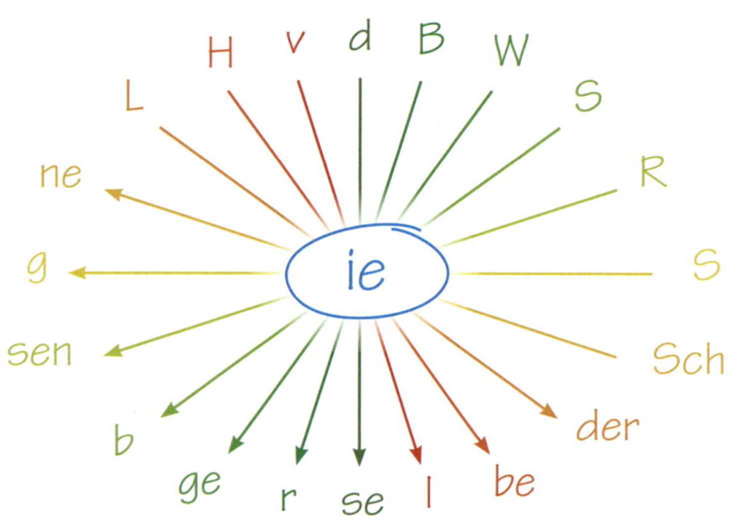

Hiebe, viel …

3 Zähle alle *ie*-Wörter, die du gebildet hast. Wie viele sind es?

Vergleicht die Ergebnisse.

Merke

Das lange *i* wird in der Regel als *ie* wiedergegeben, z. B. *fl**ie**gt*, *r**ie**f*, *l**ie**f*, …
*telefon**ie**ren*, *kap**ie**ren* …

Wörter mit *i*

1 Bilde möglichst viele *i*-Wörter. Die Farben und Pfeile helfen dir dabei.

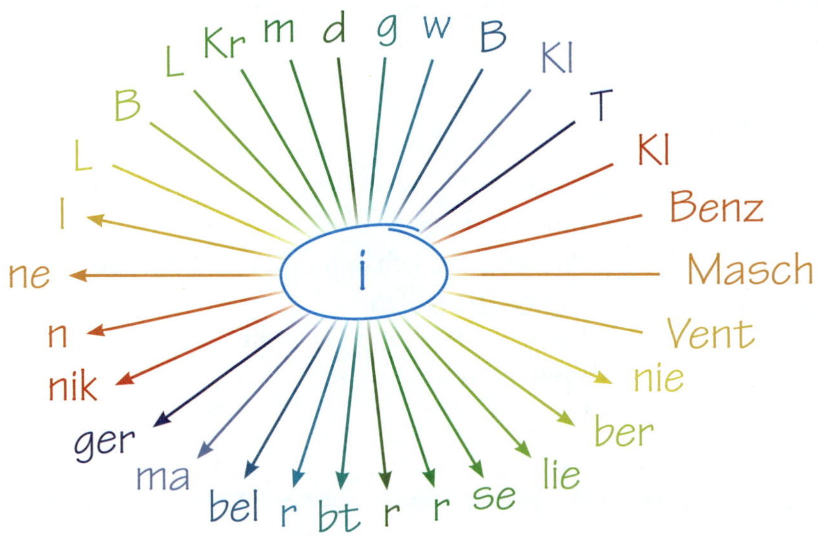

2 Und wie viele Wörter kannst du hier bilden? Schreibe sie auf.

3 EXTRA Stelle aus *ie*-Wörtern und *i*-Wörtern sinnvolle Wortgruppen zusammen, die du einem Partner diktieren kannst, z. B.:

Mandoline spielen, wir schrieben, Musik liegt mir, gib mir die …
vier … sieben … wir lieben diese … sie gibt dir … sie fliegen wieder …

Sprüche, Rätsel, Sprichwörter

1 Wähle einen Text aus und gestalte ihn mit Schrift, Farbe und Zeichnungen. Du kannst auch ein Schmuckblatt zum Verschenken anfertigen.

Angenehm sind die
erledigten Arbeiten.
(Cicero)

Eine Mutfrage
Wer wagt es, sich den donnernden Zügen
entgegenzustellen?
Die kleinen Blumen zwischen den
Eisenbahnschwellen!
(Erich Kästner)

Ich lache.
Die Löcher sind die
Hauptsache
an einem Sieb.
(Joachim Ringelnatz)

Was kann man leicht verlieren, obwohl man es immer bei sich trägt?

den Kopf

tu was
denk, was du willst
sag, was du denkst
tu, was du sagst
tu, was du kannst
(Volker Erhardt)

Bedenke es am Abend und
tu es am Morgen, dann hast
du keine Sorgen.
(aus Russland)

Von welchen Gaben wird man nicht reich?

von den Ausgaben

Welcher Ring hat zwei Enden?

der Hering

Ich hab dich so lieb!
Ich würde dir ohne Bedenken
eine Kachel aus meinem Ofen
schenken.
(Joachim Ringelnatz)

Nicht ohne Grund kommt Wasser in Bewegung.
(aus Bengalen)

2 Welche Wörter sind hier versteckt? Schreibe sie auf.

3 Gestalte in deinem Heft mit den folgenden Wörtern selbst solche Bilderrätsel:

Hamburg | Mannheim | Dortmund | Bleistift | Schande | Keule

4 Welche Zahlen sind in dem Rätsel „Kleiner Streit" versteckt? Unterstreiche sie wie im Beispiel.

Das Klavier ist entzwei.

Kleiner Streit

„Ich bin zweifellos größer als du",
sprach zum Einer der Zweier.
„Dreister Kerl, prahle nicht so!",
knurrte der größere Dreier.
„Und ich", rief der Einer, „bin zwar der Kleinste,
aber dafür bestimmt auch der Feinste."

5 EXTRA Gestalte selbst ein Zahlenrätsel.

Lauter Merkwörter!

1 Trage die *Qu*-Wörter in folgende Tabelle ein.

QUALLE | QUALMEN | QUADRATISCH | QUELLE

QUARK | QUETSCHEN | AQUARIUM | QUATSCHEN

QUÄLEN | QUAKEN | QUIRLIG | BEQUEM | QUITTUNG

Substantive/Nomen	Verben	Adjektive
die Qualle		

2 Mit welchen Buchstaben fangen die Wörter an? Verbinde die Wortteile auf den Fischen mit dem passenden Köder.

V **v** **F** **f**

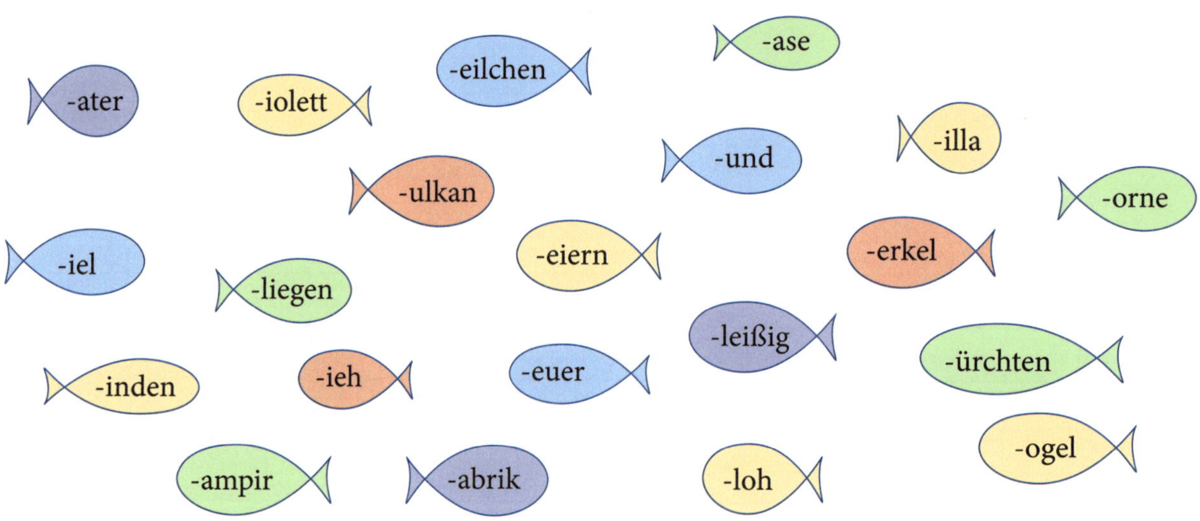

3 wieder oder wider? Vervollständige die Sätze.

-holen | -sprechen | -kommen | -stand | -käuen | -geben

1. Das habe ich nicht verstanden, kannst du das bitte ____________________.
2. Ich muss meinem Freund das geliehene Buch ____________________.
3. Kühe sehen komisch aus, wenn sie ihr Futter ____________________.
4. Wir haben die Aufgabe nicht geschafft; du musst deshalb morgen ____________________.
5. Warum leistest du immer ____________________?
6. Immer musst du ____________________, wenn du helfen sollst!

4 EXTRA Gestalte eine Einpräghilfe für deine Partnerin oder deinen Partner: Wähle zuerst einige Merkwörter aus. Nimm ein Blatt und knicke es in der Mitte. Auf die eine Hälfte zeichnest du etwas zu jedem Wort, sodass man das Wort erraten kann. Auf die andere Hälfte zeichnest du Buchstabenkästchen in der richtigen Anzahl. In diese Kästchen soll dann das zu erratende Wort geschrieben werden, z. B.:

	y				t	h				

Merkwörter: sympathisch, Alphabet, Thermosflasche, Apotheke, Thermometer, Bibliothek, Leichtathlet, Mathematik, Physik, November, März, Mai, Kaiser, Pärchen, Käfig

5 EXTRA Gestalte eine Übung für deine Partnerin oder deinen Partner: Bilde mit den folgenden Wortpaaren Sätze und schreibe sie als Lückentext auf ein Blatt. Deine Partnerin oder dein Partner muss das richtige Wort eintragen, z. B.:

Pfad – fad Die Suppe schmeckt __________ – Sie wichen von dem engen __________ ab.

Pfahl – fahl Pfund – Fund Pflug – Flug Pfand – fand Pferd – fährt Pfeile – Feile

Merke

Wenn du dir nicht sicher bist, ob du „wieder" oder „wider" schreiben musst, dann mach die Probe:

Könntest du auch „nochmals" oder „zurück" sagen, so heißt es *wieder*.
Könntest du auch „gegen" sagen, dann schreibst du *wider*.

„Neue Sprachen“

1 Lies das Gedicht. Wovon handelt es?

Hans Manz
Heimkehr

Einer, der schreibt, war in Italien.
Da gab's zwar auch Schreibmaschinen,
doch ein **ü** hatten die nie.
Kaum saß er daheim
Vor den deutschen Tasten,
schrieb er
tütütüterütü, tütütüterütü.

2 Kannst du das verstehen? Schreibe den Brief weiter.

Lübür Mürcüs,
ün Ütülüün gübt üs künü Üs üf dün Schrübmüschünün, üf dün Cümpütürn üch nücht. Jützt bün üch
früh, düss

Vülü

3 Schreibe die Rätsel in einer „neuen Sprache“ auf. Ersetze alle Vokale (Selbstlaute) durch den Laut, der am Anfang der Zeile steht.

i – Welches Haus hat kein Dach?

Wilchis

o – Welcher Hahn frisst keine Körner?

e – Welche Mühle braucht keinen Bach?

4 Schreibe die Lösungen zu den Rätseln von Aufgabe 3 auf.

5 In dem folgenden Text stehen nur der erste und der letzte Buchstabe eines Wortes an der richtigen Stelle. Forscher behaupten, dass man den Text trotzdem lesen kann. Versuche es. Schreibe ihn in der normalen Schreibweise auf.

Vor lnager Ziet letbe ein Kniög, der httae enie wnduerschnöe Tchtoer. Biem Schslos des Köigns lag ein dnukelr Wlad. In dem Wlad war utenr enier Lnide ein Bnunren. Drot speitle die Knisögtchtoer oft mit enier gloneden Kegul. Enies Tgeas feil die Kguel in den Bnurnen, der so teif war, dsas man kienen Gnurd sheen knonte. …

6 EXTRA Jede Menge neuer Wörter – In der deutschen Sprache entstehen jeden Tag neue Wörter. Manche Wörter entstehen dadurch, dass man bekannte Wörter kombiniert, z. B. *Schneckenfutter*. Es gibt aber auch ganz neue Wörter.
Lies die Fantasiewörter laut vor. Welche Wörter könnten Wörter der deutschen Sprache werden? Kreuze sie an.

- ☐ Irtizschukrs
- ☐ Gastelgoss
- ☐ Hanterstag
- ☐ Knirg
- ☐ Kbatobus
- ☐ Eigstamr
- ☐ Tlombuld
- ☐ Prxuluck
- ☐ Hampzwurg

7 EXTRA Suche dir zwei der angekreuzten Wörter aus. Erfinde für sie jeweils eine Bedeutung.

Spielereien mit Satzgliedern

Anja angelt Aale in Albanien.

Dieter dressiert drollige Dackel in Deutschland.

Françoise feiert fröhliche Feste in Frankreich.

Gregor genießt große Granatäpfel in Griechenland.

Indira isst indische Inselspezialitäten in Indien.

Mohammed malt Moscheen in Marokko.

Raissa reitet riesige Rösser in Russland.

Zambo zerschneidet zehn Zitronen in Zaire.

1 Stelle fest, wie diese Sätze gebildet wurden. Versuche, selbst so einen Satz zu bilden.

2 Wähle einen Satz aus und stelle die Reihenfolge der Wörter so oft wie möglich um, z. B.:
Anja angelt Aale in Albanien. In Albanien angelt Anja Aale. Aale angelt Anja in Albanien.

3 Trage Subjekt, Prädikat und Objekt aller Sätze in die Tabelle ein. Setze die Tabelle in deinem Heft fort.

Subjekt	Prädikat	Objekt

Merke

Wörter und Wortgruppen, die man in einem Satz umstellen kann, ohne dass sich dessen Bedeutung verändert, heißen **Satzglieder**.
Das Prädikat
- bildet in jedem Satz den Satzkern, um den sich die Satzglieder gruppieren.
- wird aus einer Verbform gebildet.
- steht im Aussagesatz an der zweiten Stelle.

Eine Fantasiegeschichte

Ein Frosch als Schauspieler

Die Schulaufführung für die Eltern rückte immer näher. Maria sollte den Frosch spielen. Den, der die Fliege fressen wird. Für Maria war das eine grauenhafte Vorstellung. Maria wollte nicht der Frosch sein – grün, glitschig, eklig. Aber eine andere Rolle war nicht mehr frei.

Und dann ging Maria traurig durch die Stadt, mit ihrem Textheft unter dem Arm. Und dann blieb Maria plötzlich stehen. Ein Schaufenster zog Maria magisch an, das Schaufenster einer Zoohandlung. Und dann ging alles ganz schnell. Maria legte das Geld auf den Tisch und nahm den kleinen Karton. Und dann eilte Maria nach Hause. Und dann war der Tag der Theateraufführung gekommen. Und dann musste Maria gleich auf die Bühne. Marias Herz klopfte bis zum Hals. Und dann ging Maria zu dem Stuhl, auf dem sie Platz nehmen sollte. Und dann setzte Maria einen Frosch darauf.

Der Frosch wollte wirklich Schauspieler werden. Und dann plusterte sich der Frosch auf. Immer mehr und mehr. Die Eltern im Zuschauerraum der Aula klatschten Beifall. Dem Frosch gefiel das. Der Frosch reckte sich dem Publikum entgegen und dann platzte der Frosch.

1 EXTRA Diese Geschichte hat eine Schülerin aus der 5b geschrieben. Dabei hat sie viele Sätze mit *und dann* begonnen sowie Nomen wiederholt. Überarbeite den Text so, dass diese Wiederholungen vermieden werden.

Merke

Durch die Umstellung von Satzgliedern und den Einsatz von Pronomen kannst du Wiederholungen vermeiden. Ersetze *und dann* z. B. durch *nun, dann, jetzt* oder lass es einfach weg.

Von Eitelkeit, Dummheit und Überheblichkeit

1 Lies die Fabel.

2 Beantworte die Fragen. Unterstreiche hierzu die passenden Stellen im Text wie im Beispiel.

Leo Tolstoj

Die Ente, die den Mond fangen wollte

Eine Ente schwamm einmal den ganzen Tag auf ihrem See herum und fand keinen einzigen Fisch.

Was fand die Ente nicht?

Noch am Abend suchte die Ente müde und hungrig nach Futter. Bald ging der Mond auf und sein Spiegelbild schwamm auf dem Wasser. Die Ente glaubte, es sei ein Fisch, denn das Spiegelbild des Mondes glänzte silberfarben. So tauchte die Ente nach dem Spiegelbild des Mondes. Einige andere Enten hatten gesehen, wie sie nach dem Mond tauchte, und bald lachten alle Bewohner des Sees über die Ente, die den Mond hatte fangen wollen.

Was passierte, als der Mond aufging?
Was machte die Ente?
Worüber lachten alle Bewohner des Sees?

Darüber schämte sich die arme Ente so sehr, dass sie es nicht mehr wagte, nach Futter zu tauchen – auch dann nicht, wenn die Fische im Wasser neben ihr vorüberglitten. Sie hatte Angst, dass die anderen Tiere des Sees wieder über sie lachen würden.

Wie fühlte sich die Ente?
Warum hat die Ente nicht mehr nach Futter gesucht?

So wurde sie schwächer und schwächer. Nach ein paar Tagen starb sie vor Hunger. Sie starb mitten in einem See voller Fische.

Warum starb die Ente?
Wo starb die Ente?

3 Lies den Text Abschnitt für Abschnitt. Beantworte nach jedem Abschnitt die Frage.

Die Maus und die Schnecke

1. Einmal traf eine Maus eine Schnecke, die natürlich ihr Haus mit sich trug. „Mein Gott, was bist du nur für ein armes Tier", piepste die Maus voller Mitleid. „Ist es nicht unheimlich schwer, immer sein Haus auf dem Rücken mitzuschleppen?"

Warum hatte die Maus Mitleid mit der Schnecke?

____

2. „Och, leicht ist es nicht", meinte die Schnecke. „Aber ich habe mich daran gewöhnt." „Kann man sich wirklich an so eine Strapaze gewöhnen?", fragte die Maus. „Aber natürlich. Ich schleppe mein Haus mit, seit ich auf der Welt bin. Ich kann mir ein anderes Leben gar nicht vorstellen."

Warum empfindet die Schnecke ihr Haus nicht als Last?

____

3. „Mein Gott, bist du ein bedauernswertes Geschöpf", piepste die Maus. „Mit dieser Last auf dem Rücken kannst du gar nicht schnell laufen."
„Das ist wahr", nickte die Schnecke. „Aber so ein Haus hat auch Vorteile. Wenn es regnet oder wenn Gefahr droht, kann ich sofort hineinschlüpfen."
„Trotzdem, ich würde auf keinen Fall mit dir tauschen wollen", antwortete die Maus hochnäsig.

Welche Vorteile hat das Haus für die Schnecke?

____

4. Kaum hatte die Maus das gesagt, war ein lautes „Miau" zu hören. Sofort versteckte sich die Schnecke in ihrem Haus. Die Maus aber musste um ihr Leben rennen. In letzter Sekunde konnte sie sich in ein Loch in einem Baumstumpf retten.

Was machte die Schnecke, als eine Katze kam? Und was machte die Maus?

____

5. „Miau!" Ärgerlich lauerte die Katze vor dem Loch. Im Loch aber zitterte die Maus. „Eigentlich hat es die Schnecke doch ganz gut", dachte sie. „Wenn ich immer ein Loch auf dem Rücken mitnehmen könnte, das wäre gar nicht schlecht."

Was dachte die Maus nun über das Schneckenhaus?

____

6. „Aber wie schleppt man ein Loch auf dem Rücken?", fragte sich die Maus.

4 EXTRA Schreibe auf, welche Lehre man aus den beiden Fabeln ziehen kann. Lies dazu auch die Überschrift auf Seite 52, z. B.:

1. Aus der Fabel „Die Ente, die den Mond fangen wollte" kann man lernen, dass Eitelkeit und Scham …

Was sagen sie?

1 Lies die Fabel. Versuche, sie trotz der ausgelassenen Satz- und Redezeichen zu verstehen.

Die Mäuse, die von einer Katze sehr bedroht wurden, berieten in einer Versammlung, wie sie sich ihres gefährlichen Feindes besser erwehren könnten.

Eine junge Maus glaubte, die Lösung des Problems gefunden zu haben.

Wenn die Katze sagte sie um den Hals ein Glöckchen trüge, würde dieses bei jedem Schritt erklingen und uns warnen, sodass wir genügend Zeit hätten, ungefährdet unser Loch zu erreichen. Das ist eine ausgezeichnete Idee sagten die anderen Mäuse – bis auf eine, die meinte Der Vorschlag ist ausgezeichnet. Aber wer von uns wird der Katze das Glöckchen umhängen?

Nach La Fontaine

2 Gib den Inhalt der Fabel mit eigenen Worten wieder. Vervollständige dazu die Sätze:

Die Mäuse berieten, was sie machen könnten, damit ______________________

____

Eine Maus schlug vor, der Katze ein Glöckchen umzuhängen, damit ______________________

____

Der Vorschlag war aber nicht durchdacht, denn natürlich wollte niemand ______________________

____

3 Unterstreiche in der Fabel oben alle Textstellen, wo jemand etwas sagt.

Merke

1. **Begleitsatz vor der direkten/wörtlichen Rede:**
   ______: „∼∼∼∼.“
   ______: „∼∼∼∼?“
   ______: „∼∼∼∼!“

2. **Begleitsatz nach der direkten/wörtlichen Rede:**
   „∼∼∼∼“, ______.
   „∼∼∼∼?“, ______.
   „∼∼∼∼!“, ______.

3. **Begleitsatz zwischen der direkten/wörtlichen Rede:**
   „∼∼∼∼“, ______, „∼∼∼∼.“

Begleitsatz: ______

direkte/wörtliche Rede: ∼∼∼∼

4 Setze nun in die Fabel aus Aufgabe 1 die fehlenden Satz- und Redezeichen mit rotem Stift ein.

5 EXTRA Lies folgende Fabel.

Der Esel und der Fuchs

Nach Äsop

Ein Esel und ein Fuchs hatten beschlossen, miteinander auf die Jagd zu gehen. Dabei begegneten sie einem Löwen, der auf Beute aus war. Der Fuchs, der Gefahr witterte, sagte zu dem Esel, er wolle vorausgehen und mit dem Löwen reden, damit er sie beide in Frieden lasse.

Dann ging er auf den Löwen zu und bot ihm an, ihm den Esel auszuliefern, wenn ihn der Löwe dafür ungeschoren lassen würde. Der Löwe ging scheinbar auf den verräterischen Handel ein und stimmte zu.

Der Fuchs kehrte zum Esel zurück und erzählte, dass der Löwe einverstanden sei. Er aber kenne einen guten Weg, den sie jetzt gemeinsam gehen sollten. Er führte ihn so listig, dass der Esel in die Falle geriet und dem Löwen nicht mehr entgehen konnte. Der hatte es kaum wahrgenommen, da griff er sich den Fuchs. Den Esel verspeiste er hernach.

6 EXTRA Gib den Inhalt der Fabel mit eigenen Worten wieder.

7 EXTRA Ersetze die indirekte Rede an den blau gedruckten Stellen durch die direkte/wörtliche Rede, z. B.: Der Fuchs sagte zum Esel: „Ich will zuerst zum Löwen gehen und mit ihm reden …"

Auch ein Märchen?

Janosch erzählt Grimms Märchen

Der Fundevogel

Eine Frau war im Wald eingeschlafen, da kam ein Bussard von oben und raubte ihr Kind. Er nahm es mit in sein Nest und zog es auf wie seine eigenen Kinder. Er lehrte es fliegen wie ein Bussard. Er lehrte es sehen wie ein Bussard und lehrte es, ein König zu sein wie ein Bussard. Und bald war's so, dass der Junge auch aussah wie ein Bussard.

Freilich konnte er nicht ganz so gut fliegen wie sein Vater. Konnte auch nicht ganz so gut sehen wie sein Vater, und so geschah es einmal, dass ein Förster, der im Wald auf der Jagd war, ihn fing. Er nahm ihn mit nach Haus, und weil er aussah wie ein Vogel und der Förster ihn ja gefunden hatte, nannte er ihn den „Fundevogel".

Der Förster aber hatte eine Tochter. Die beiden wuchsen zusammen auf, wurden zusammen größer, und bald konnte einer ohne den anderen nicht mehr leben. Das Mädchen teilte sein Essen mit dem Fundevogel und lehrte ihn sprechen: „Verlässt du mich nicht, verlass ich dich auch nicht." „Verlässt du mich nicht, verlass ich dich auch nicht", sagte der Fundevogel.

Nun zeigte sich bald, dass der Fundevogel unter den Federn ein schöner Junge war. Aber weil die Mutter des Mädchens es nicht wissen durfte, sprachen sie nur miteinander, wenn niemand es hörte.

„Verlässt du mich nicht, verlass ich dich auch nicht!"
„Verlässt du mich nicht, verlass ich dich auch nicht!"

Die Mutter des Mädchens konnte den Fundevogel nämlich nicht leiden. Jeden Tag gab sie ihm etwas weniger zu fressen und schimpfte, wenn sie sah, dass ihre Tochter ihr Essen mit dem Vogel teilte. Und wenn es niemand sah, haute die Mutter dem Fundevogel eins von hinten an den Kopf. Darüber ärgerte sich der Fundevogel, und heimlich, wenn niemand es sah, lehrte er das schöne Mädchen fliegen. Freilich lernte sie es nie so gut, wie ihr Fundevogel es konnte, aber von Tag zu Tag ging's etwas besser. Es verging die Zeit. Das Mädchen wurde immer schöner, und der Fundevogel wurde immer stärker.

„Verlässt du mich nicht, verlass ich dich auch nicht", sagte das Mädchen. Und der Fundevogel sagte: „Verlässt du mich nicht, verlass ich dich auch nicht."

Und dann eines Tages, in aller Frühe, flogen der Fundevogel und das Mädchen davon, bauten sich ein Nest auf einem hohen Baum und lebten dort glücklich wie im Paradies.

1 Welche Figuren kommen in dem Märchen vor? Schreibe.

eine ______________________, die sehr müde ist

ein ______________________, der fliegen lernt

ein ______________________, der sehr kinderlieb ist

ein ______________________, der im Wald arbeitet

ein ______________________, das sein Essen teilt und eine gute Freundin wird

eine ______________________, die oft schimpft

2 An welchen Orten spielt das Märchen? Bringe die Bilder in die richtige Reihenfolge. Trage die Ziffern in der richtigen Reihenfolge ein.

3 EXTRA Suche in „Grimms Märchen" das Märchen vom Fundevogel und vergleiche.

Der kleine König, die große Sonne ...

1 Lies das folgende Märchen.

Edwin Hoemle
Der kleine König und die Sonne

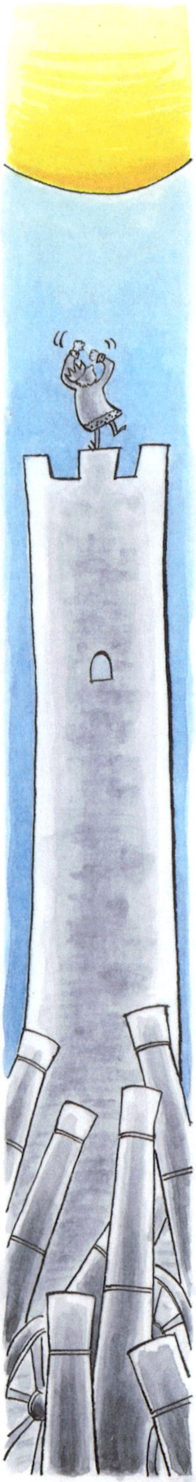

(1) Es war einmal ein kleiner König. Den ärgerte, dass die Sonne so mir nichts, dir nichts über die Berge stieg. Und er befahl, dass sie zu warten habe, bis er sie rufe. Die Sonne hörte nicht auf ihn. Da ergriff den kleinen König ein großer Zorn. Er befahl seinen Hauptleuten, Ketten und Seile zu bringen nebst zehntausend Soldaten. Und der kleine König schwor, er werde die Sonne an die Erde fesseln.

(2) Die Sonne stieg höher und höher. Der kleine König kletterte auf den Turm. Um den Turm stellte er tausend Kanonen. Von der Spitze des Turmes schrie er der Sonne zu: „Ich bin größer als du!" Er nahm eine Laterne, zündete sie an und sprach: „Auch ich leuchte."

(3) Aber die Sonne stieg höher. Der Wald zu des kleinen Königs Füßen erbrauste. Die Vögel des Waldes begannen zu singen. Die Tiere des Waldes traten auf die im Morgentau funkelnden Wiesen und grüßten die Sonne. Der kleine König zitterte vor Zorn und Furcht. Seine Untertanen kamen aus den Häusern, schauten die Sonne an und den kleinen König oben auf dem Turm. Der tobte und schrie, er werde jeden töten, der auszusprechen wage, dass die Sonne mächtiger sei als er.

(4) Die Untertanen erschraken. Aber ein kleines Kind begann zu lachen. [...] Die ganze Schar der kleinen Kinder lachte. Da lachten auch die Mütter, da lachten die Väter, da lachten die Greise, die Jungfrauen, die Burschen, die ältesten Großmütter. Alle lachten.
[...]
Und es gab keine Untertanen mehr!

(5) Der kleine König aber stieg eilends herab von seinem Turm. Und die Schergen* des kleinen Königs bargen sich eilig in ihren Kellern. Das Volk aber holte sie hervor, band sie und zwang sie, in die Sonne zu gehen.
Darauf schritt jeder an sein Tagewerk**. Die Kindlein aber liefen auf die Wiese, tanzten und sangen. Und die Sonne lächelte.

* *Schergen: Handlanger, Polizisten* ** *Tagewerk: Arbeit*

1 Beantworte die folgenden Fragen zu den einzelnen Abschnitten des Märchens.

1. Worüber ärgerte sich der kleine König?
2. Warum stieg der kleine König auf einen hohen Turm?
3. Wen wollte der kleine König töten?
4. Worüber lachten alle?
5. Wie endet der Kampf des Königs gegen die Sonne?

2 Unterstreiche im Märchentext alle Adjektive farbig.

3 Trage die Adjektive in die Tabelle ein. Doppelte Wortformen schreibe nur einmal. Ergänze in jeder Zeile die fehlenden Formen.

Grundstufe	1. Steigerungsstufe	2. Steigerungsstufe
klein	kleiner	am kleinsten

4 EXTRA Erzähle das Märchen mit eigenen Worten. Setze möglichst viele Adjektive ein, um die Ereignisse anschaulich zu beschreiben. Schreibe auf ein gesondertes Blatt Papier.

Merke

Adjektive
- bezeichnen Eigenschaften und Merkmale *(alt, klein, gelb, mächtig)*
- können zwischen Artikel und Substantiv/Nomen stehen und haben dann Endungen *(das klein**e** Männchen, ein jung**es** Mädchen)*
- können meist gesteigert werden *(glücklich, glücklicher, am glücklichsten).*

Im 6. Jahrhundert ...

1 Lies die Sage.

2 Beantworte die Fragen. Unterstreiche hierzu die passenden Stellen im Text.

Der Domstein

Im 6. Jahrhundert nach Christus beschlossen **die Bürger von Trier** eine große Kirche, einen Dom, zu bauen. Die besten Fachleute sollten an dem Werk mitarbeiten. Aus aller Welt strömten die Handwerker in Trier zusammen, um am Bau des Doms ihre Kunst zu beweisen.

1. Was wollten die Bürger von Trier bauen?
2. Wer sollte mitarbeiten?
3. Woher kamen die Handwerker?

Eines Tages meldete sich beim Leiter des Baus ein Mann, der komisch wirkte. Er behielt seine Mütze auf dem Kopf, er hinkte ein wenig und in seiner Nähe roch es nach Schwefel. **„Er sieht aus wie der Teufel“, dachte der Bauleiter.** Aber er brauchte gute Leute für den Bau, und der Fremde schien fähig zu sein. Der Fremde fragte, was denn überhaupt gebaut werden sollte. Der Bauleiter sagte, dass die Stadt Trier ein **großes Festhaus** errichten wolle, in dem viel gesungen, gegessen und getrunken werden sollte.

4. Wer meldete sich eines Tages?
5. Warum schickte der Bauleiter den Fremden nicht weg?
6. Wonach fragte der Fremde?

Mit dieser **Antwort** war der **Teufel** – denn er war es tatsächlich – **zufrieden**. Er versprach, sich nach Kräften einzusetzen. Und seine Kräfte waren tatsächlich übermenschlich. Er schleppte heran, was zum Bau gebraucht wurde. Aus den entferntesten Gegenden trug er die schwersten Steine heran. Er arbeitete unermüdlich, denn er dachte, dass ihm das neue Festhaus nutzen könnte.

7. Welche Arbeit machte der Teufel?

So wuchs der neue Dom schnell. Der Teufel aber dachte immer noch, er würde ein großes Festhaus bauen. Inzwischen hatte der **Baumeister** den **Bischof** über den unchristlichen Helfer **informiert**. Man vereinbarte, dem Teufel einen Streich zu spielen. Ohne dass dieser etwas merkte, bereitete man die Einweihung des Domes vor.

8. Was haben der Baumeister und der Bischof vereinbart?

Eines Tages wurde der **Teufel** weit **weggeschickt**, um einen **besonders schweren Stein** zu holen. Er machte sich auf den Weg. Doch als er, gebeugt unter der schweren Last, zurückkehrte, hörte er die Glocken läuten.

9. Was hörte der Teufel, als er zurückkam?

Zu spät erkannte er, dass man ihm einen Streich gespielt hatte. In seiner Wut schleuderte er den schweren Stein auf den Dom, um ihn zu zerstören. Aber er verfehlte sein Ziel. Der **Stein** fiel **vor den Eingang des Domes.**

10. Was machte der Teufel?

3 Überlege, warum der Baumeister dem Teufel nicht gesagt hat, dass die Stadt Trier einen Dom bauen will. Schreibe deine Antwort auf.

4 EXTRA Schreibe die fett gedruckten Wörter aus dem Text und die Wortgruppen, die du unterstrichen hast, auf.

5 EXTRA Gib den Inhalt der Sage kurz wieder. Nutze dazu deine Stichworte aus Aufgabe 4.

Das unhörbare *h*

1 Stelle fest, zu welchen Wortfamilien die Wörter gehören. Umkreise dazu in allen Wörtern den Wortstamm.

Führung · verführen · Lehrer · nehmen · aufführen

angenehm · Aufführung · fahren · Lehrling · vornehm · erfahren

belehren · Fahrer · gefährlich · Benehmen · gelehrt

2 Jede Wortfamilie erhält ein Haus. Trage die Wörter in die Häuser ein.

3 Suche zu jeder Wortfamilie zwei weitere Wörter.

Merke

- Nach lang gesprochenem *a, e, i, o, u, ä, ö, ü* steht manchmal ein *h*. Dieses *h* kommt nur vor *l, m, n* und *r* vor.
- **Wortfamilie**
  Alle Wörter, die von einem gleichen oder ähnlichen Wortstamm herkommen (abstammen), sind verwandt. Sie gehören zu einer Wortfamilie, z. B. *träumen, traumhaft, Träumer, Traum.*

Für ein gezieltes Üben musst du wissen, was dir beim Schreiben schwerfällt.

4 Kreuze an: leicht zu schreiben? ☺ schwer zu schreiben? ☹

	☺	☹		☺	☹		☺	☹		☺	☹		☺	☹
SCHREIBT			SCHUH			FÜHLEN			GEBEN			STAMPFT		
KEHREN			FÜLLEN			FEE			SENDUNG			MANN		
GEHT			PAAR			PUTZT			ARZT			NÄMLICH		
PAPP-KARTON			PADDEL-BOOT			HAND-TUCH			BANK-RÄUBER			FAHRRAD-PASS		
SEHEN			HOFFEN			MÄRZ			FASST					

Schreibe die Wörter auf, bei denen du *leicht zu schreiben* ☺ angekreuzt hast:

5 Schreibe die Wörter auf, bei denen du *schwer zu schreiben* ☹ angekreuzt hast. Ordne sie nach den folgenden Punkten. Du kannst ein Wort auch zweimal schreiben.

1. Groß- und Kleinschreibung:

2. doppelter Konsonantenbuchstabe (tt, ss, ff, …):

3. doppelter Vokalbuchstabe (aa, ee, oo):

4. Verbformen (t-Signal):

5. unhörbares h:

6. andere Rechtschreibschwierigkeiten:

6 EXTRA Schreibe in dein Heft, wie man üben kann, wenn man Schwierigkeiten mit der Rechtschreibung hat.

Welches Buch wählst du?

1 Lies die drei Klappentexte.

1

Jutta Richter – Der Tag, als ich lernte die Spinnen zu zähmen

Spielverderber, so nennen die Kinder Rainer. Weil er irgendwie anders ist und so eine seltsame Familie hat. Trotzdem ist gerade Rainer immer da, wenn die Angst kommt, wenn die gefährliche Kellerkatze im Dunkeln lauert oder wenn an der Zimmerdecke eine Riesenspinne hockt. Ihm fällt immer etwas ein. Rainer hört zu, verjagt die Kellerkatze und er weiß sogar, wie man Spinnen zähmt. Doch alle anderen mögen Rainer nicht und da ist es ganz schön schwer, seine Freundin zu sein. Was nützt einem eigentlich eine Freundschaft, die nur Ärger und Feindseligkeit bringt? Aber kommt es darauf an? Ist es nicht viel wichtiger, dass jemand für einen da ist, wenn man ihn braucht?

2

P. L. Travers – Mary Poppins

Mit rechten Dingen ist es nicht zugegangen. Jane und Michael haben es genau gesehen: Der Wind hat sie hergeweht und mit einem Plumps vor der Haustür abgesetzt – Mary Poppins, das neue Kindermädchen, eine eitle Person, die aber ein großes Herz für Kinder hat. Sie kann mit Tieren reden und besitzt noch mehr Vorzüge. Wen wundert es, dass für die Kinder im Kirschbaumweg 17 eine Reihe voller bunter Abenteuer anbricht? Pamela L. Travers wurde 1906 in Australien geboren. 1934 erschien der erste Band über Mary Poppins, der ein Welterfolg wurde.

3

Dieter Wiesmüller – Pernix

Als kleiner Saurier hat man es nicht leicht. Ständig schnappt einem jemand die Beute weg. Immer muss man aufpassen, dass man nicht selbst zur Beute wird. Da ist es gut, wenn man nicht alleine ist …

2 Welches Buch passt zu welchem Lesewunsch? Notiere die passende Nummer.

Paolo sucht ein Buch, aus dem er seinem kleinen Bruder vorlesen kann. Sein Bruder ist erst vier Jahre alt. Paolo nimmt das Buch ☐.

Lukas möchte einmal ein Buch lesen, das Kinder schon vor 70 Jahren gelesen haben. Er sucht sich das Buch ☐ aus.

Laura liest am liebsten Bücher, die von wichtigen Themen handeln. Sie liest zum Beispiel gerne Bücher über Freundschaften und auch über Probleme, die es mit Freundschaften geben kann. Sie wählt das Buch ☐.

3 EXTRA Stelle ein Buch deiner Wahl vor: Schreibe auf, wie das Buch heißt, wer es geschrieben hat, wovon es handelt. Schreibe auch, für welche Leserinnen und Leser dir das Buch geeignet scheint.

Der Fluss – die Flüsse – fließen

1 Ergänze die Aufschriften auf den Buchdeckeln. Lies die Wörter laut und unterscheide deutlich zwischen langem und kurzem Vokal.

Einzahl	der Fluss	der Schuss	der Guss
Mehrzahl	die Flüsse	....	....
Verb	fließen	....	....
Einzahl	der Spaß	der Gruß	der Stoß
Mehrzahl	....	....	....
Verb	....	....	....
Einzahl	der Riss	der Biss	der Kuss
Mehrzahl	....	....	....
Verb	....	....	....
Einzahl	der Fuß	das Floß	der Pass
Mehrzahl	....	....	....
Verb	....	....	....

Merke

Nach **lang** gesprochenem *a/ä, o/ö, u/ü* sowie nach *ie, ei* und *au/äu* schreibt man für einen (scharfen) s-Laut *ß*: *Spaß, Fuß, heiß.*
Nach **kurz** gesprochenem *a/ä, o/ö, u/ü* schreibt man für einen (scharfen) s-Laut *ss* oder *s*: *nass, Kuss, hasst, dass; das, hast, es, ist.*

das oder *dass*?

Burkhard Spinnen
Belgische Riesen

Friederikes Vater hat sich von ihrer Mutter getrennt und nun hat er eine neue Frau. Friederikes Mutter kann das Haus nicht mehr bezahlen und ihr Vater kümmert sich mehr um seine neue Freundin als um Friederike. Deshalb plant Friederike mit ihrem Freund Konrad einen höchst abenteuerlichen Rachefeldzug gegen Papas „Neue“, bei dem ein Kaninchen eine zentrale Rolle spielt.

1 Lies, wie sich einige Schülerinnen und Schüler zu diesem Buch geäußert haben. Ergänze in den Sprechblasen *das* oder *dass*.

Ich glaube, ________ mir das Buch gefallen wird. ________ lese ich. Ich hatte vor einiger Zeit ähnliche Probleme wie Friederike.

Katrin

Ja, ________ leihe ich mir aus. Ich kann mir denken, ________ es ein spannendes Buch ist.

Verena

Ich denke, ________ ________ für mich nichts ist. Früher habe ich Abenteuerbücher gerne gelesen. ________ hat sich geändert.

Daniel

Ein Buch über Probleme mag ich nicht. ________ ist mir zu langweilig. Wisst ihr übrigens, ________ ich selbst Krimis schreibe?

Sandra

2 EXTRA Notiere in Stichworten, was du über das Buch „Belgische Riesen“ erfahren hast. Stelle Vermutungen dazu an, was Friederike und Konrad planen. Schreibe in dein Heft.

Merke

Das Wort *das* ist ein Artikel oder ein Fürwort. Es kann durch andere Wörter ersetzt werden, z. B. durch *dieses, jenes, welches.*
Das Wort *dass* kann nicht durch andere Wörter ersetzt werden. Die *dass*-Sätze antworten auf die Frage *„Was …?“,* z. B.: *Was glaubst du? – Ich glaube, dass es morgen regnen wird.*

Ein Verwandlungskünstler

1 Lies zuerst die Überschriften und sieh dir die Bilder an. Stelle Vermutungen dazu an, worum es in dem Text geht.

Das Königsmanteltier

Ein Tier mit diesem Namen gibt es nicht. Aber die Aussage stimmt: Das **Hermelin** wurde wegen seines weißen Winterpelzes mit der schwarzen Schwanzspitze früher viel gejagt. Die Pelze durften nur zu Mänteln für Könige verarbeitet werden.

Aussehen

Hermeline sind **Raubtiere** und gehören zur **Familie der Marder**. Sie werden **auch Wiesel genannt** und besitzen – wie alle Marder – einen schlanken, lang gestreckten Körper mit kurzen Beinen. Von der Nasenspitze bis zum Po **messen Weibchen 25 bis 30 cm, Männchen** hingegen **bis 40 cm**. Hinzu kommt die Länge des Schwanzes von acht bis zwölf Zentimetern. Ein männliches Hermelin wiegt 150 bis 345 Gramm, ein Weibchen nur 110 bis 235 Gramm.

Im Sommer ist das Fell der Hermeline **oben braun** und an den Seiten **und am Bauch gelblich-weiß**. Die Schwanzspitze ist dunkel. **Im Herbst** fallen die braunen Haare aus und dickere, längere **weiße Haare wachsen nach**. Trotz der schwarzen Schwanzspitze ist das Hermelin bei Schnee gut getarnt. In Gebieten mit milden Wintern bleibt das Fell braun.

Heimat

Hermeline leben **in ganz Eurasien** von Nordspanien über Frankreich, England, Skandinavien, Russland und Sibirien **bis** in die Mongolei, **zum Himalaya und zur Pazifikküste**. Auch **im nördlichen Nordamerika** sind sie verbreitet. Im Mittelmeergebiet leben sie jedoch nicht.

Lebensraum

Hermeline kommen **in den verschiedensten Lebensräumen** vor: Sie leben an Feldrainen, Hecken und Waldrändern, in der Tundra ebenso wie in der Steppe und in lichten Wäldern, aber auch im Gebirge bis in 3400 m Höhe oder in Parks. Sogar in der Nähe von Siedlungen sind sie zu finden.

Rassen und Arten

Vom Hermelin gibt es **nur eine Art**. Ihm **ähnlich ist das Mauswiesel**, welches jedoch viel kleiner ist. Seine Körperlänge beträgt nur 18 bis 23 cm. Außerdem ist die Grenze zwischen brauner Oberseite und dem weißen Bauch nicht gerade, sondern gezackt. Es lebt in fast denselben Gebieten wie das Hermelin, kommt aber auch im Mittelmeerraum vor.

Lebenserwartung

Hermeline können bis zu zwölf Jahre alt werden, **meist** erreichen sie nur **sechs Jahre**.

2 Überfliege den Text: Lies nur die fett gedruckten Wörter. Beantworte danach folgende Fragen schriftlich:

1. Von welchem Tier handelt der Text? ______________________

2. Wie groß (lang) werden die Tiere? ______________________

3. Welche Besonderheiten weist das Fell auf? ______________________

____

4. Wo leben die Tiere? ______________________

____

5. Wie viele Arten von ihnen gibt es? ______________________

6. Wie alt werden die meisten Tiere? ______________________

3 Lies den Text nun genau.

4 Kreuze die richtige Antwort an.

1. Im Mittelpunkt des Textes steht
   ☐ das Mauswiesel ☐ das Hermelin ☐ der Steinmarder

2. Wie sieht das Sommerfell aus?
   ☐ ganz weiß ☐ ganz braun ☐ braune Oberseite mit gelblich-weißem Bauch

3. Wie sieht das Winterfell aus?
   ☐ ganz braun ☐ braun/weiß ☐ ganz weiß mit schwarzer Schwanzspitze

4. Wo lebt das Tier nicht?
   ☐ im Mittelmeergebiet ☐ in Sibirien ☐ im Gebirge

5. Wie viele Arten gibt es?
   ☐ zwei ☐ eine ☐ vier

6. Wie alt können die Tiere werden?
   ☐ sechs Jahre ☐ 12 Jahre ☐ 18 Jahre

5 EXTRA Notiere in Stichworten, was du über das Hermelin erfahren hast.

____

____

____

____

____

Wörterbucharbeit

1 Wie schreibt ihr folgende Wörter? Unterstreiche das richtig geschriebene Wort und schreibe es mit seinem Artikel auf. Überprüfe die Schreibweise mithilfe eines Wörterbuches.

1. a) (Spur) Fährte – b) Ferte – c) Färte   die Fährte ______________
2. a) Kanienchen – b) Kaninchen – c) Kaninschen   ______________
3. a) Renntier – b) Räntier – c) Rentier   ______________
4. a) Tiger – b) Tieger – c) Tihger   ______________
5. a) Aphotheke – b) Apotheke – c) Apoteke   ______________
6. a) Rhythmus – b) Rythmus – c) Rhytmus   ______________
7. a) zimlich – b) ziemlich – c) ziehmlich – d) zihmlich   ______________
8. a) vorwärtz – b) vorwärz – c) vorwärts – d) vorwerts   ______________
9. a) Teater – b) Theather – c) Theater – d) Teather   ______________

2 Schlage die Wörter im Wörterbuch nach. Notiere die Seitenzahl und schreibe zu jedem Wort mindestens fünf Wörter derselben Wortfamilie.

1. **Gans** → Wörterbuchseite _____ , zur selben Wortfamilie gehören: Gänserich, ______________

____

2. **Affe** → Wörterbuchseite _____ , zur selben Wortfamilie gehören: ______________

____

3. **Spinne** → Wörterbuchseite _____ , zur selben Wortfamilie gehören: ______________

____

3 Schlage die Bedeutung der Wörter im Wörterbuch nach. Schreibe mit jedem Wort einen sinnvollen Satz auf.

1. **tabu** → ______________________________
2. **privat** → ______________________________
3. **relativ** → ______________________________

4 Wie lautet das Lösungswort? – Ordne die folgenden Wörter alphabetisch. Schreibe sie geordnet untereinander. Bei richtiger Reihenfolge ergeben die rot gedruckten Buchstaben das Lösungswort.

Eisbär ______________________

Panda ______________________

Biber ______________________

Dromedar ______________________

Alligator ______________________

Schildkröte ______________________

Ringelnatter ______________________

Leopard ______________________

Lösungswort: | | | | | | | |

5 EXTRA Wörterbuchquiz – Nutze für die Beantwortung der Fragen ein Wörterbuch. Notiere auch die Seite, auf der du die Auskunft erhalten hast, z. B.:

1. Wie heißt der Plural von *Kaktus*? Kakteen (Seite …)
2. Wie oft kann man das Wort *Abend* trennen? ______________________
3. Wie lautet das Perfekt von *winken* (ich *habe ge…*)? ______________________
4. Wie lautet das Perfekt von *sinken* (das Schiff *ist ge…*)? ______________________
5. Heißt es *der*, *die* oder *das Radiergummi*? ______________________
6. Mit *d* oder *t*? – *En?*stehung, *En?fassung*? ______________________
7. Wie ist es richtig: *Kathastrophe* – *Kattastrophe* – *Katastrophe* – *Kathastrofe*? Unterstreiche. (Seite …)
8. Wie lautet die 3. Person Singular Präsens von *erschrecken* (er/sie *er…*)? ______________________
9. Schreibt man *Er hat recht.* oder *Er hat Recht.* ? ______________________
10. Heißt es korrekt *trotz dem schlechten Wetter* oder *trotz des schlechten Wetters*? ______________________

Für jede vollkommen richtige Antwort und Seitenzahlangabe gibt es drei Punkte.
Kontrolliere deine Antworten in Partnerarbeit.

Wie viele Punkte hast du erreicht? ☐

Liste grammatischer Grundbegriffe

Begriff	Erklärung	Beispiel
Adjektiv, das	Eigenschaftswort, Wiewort	klein, groß, dick
Akkusativ, der	Kasus (Fall); Wen-Fall, 4. Fall	der Nachbar – *den Nachbarn* die Nachbarn – *die Nachbarn*
Akkusativobjekt, das	Satzglied, antwortet auf die Frage „Wen oder was?“	Sie traf *Paul*. (*Wen* oder *was* traf sie?)
Anredepronomen, das	Anredefürwort	du, ihr, Sie, Ihnen
Artikel, bestimmter	Begleiter des Substantivs/Nomens, Geschlechtswort	*die* Frau, *der* Tisch, *das* Haus
Artikel, unbestimmter	Begleiter des Substantivs/Nomens, Geschlechtswort	*ein* Haus, *ein* Stuhl, *eine* Frau
Aufforderungssatz, der	Satz, der verwendet wird, wenn man um etwas bittet oder wenn man jemanden zu etwas auffordert; steht mit Ausrufezeichen oder Punkt am Ende	Gib den Ball ab! Lies den Text.
Aussagesatz, der	Satz, der verwendet wird, um etwas mitzuteilen	Sarah geht ins Kino.
Dativ, der	Kasus (Fall); Wem-Fall, 3. Fall	der Nachbar – *dem Nachbarn* die Nachbarn – *den Nachbarn*
Dativobjekt, das	Satzglied, antwortet auf die Frage „Wem?“	Sie gibt *ihm* etwas. (*Wem?*)
Deklinationsendungen, die	Endungen der Substantive/Nomen in einem bestimmten Kasus/Fall	der Hund (Nominativ), des Hund*es* (Genitiv), den Hund*en* (Dativ Plural)
Demonstrativpronomen, das	hinweisendes Fürwort	dieser, diese, dieses
direkte Rede, die	wörtliche Rede	Peter sagt: *„Ich fahre mit dem Rad zur Schule.“*
Endbaustein, der	Wortteil, der bei zusammengesetzten Wörtern verwendet werden kann; steht nach dem Wortstamm	-bar, -ig, -isch, -lich, -los, -sam, -en, -eln, -ern, -er, -heit, -keit, -nis, -ung, -tum, -schaft
Entscheidungsfrage, die	Art des Fragesatzes	Kommst du aus Frankreich?
feminin	weiblich	die Vase, die Frau
Fragesatz, der	Satz, der verwendet wird, wenn man etwas wissen will, vgl. Entscheidungsfrage, W-Frage	Kommst du aus Frankreich? Wie komme ich bitte zum Bahnhof?
Futur I, das	Zeitform des Verbs zum Ausdrücken der Zukunft	ich *werde singen*, du *wirst kommen*
Genitiv, der	Kasus (Fall); Wes-Fall, 2. Fall	das Buch – *des Buches* die Bücher – *der Bücher*
Hauptsatz, der	selbstständiger Satz, kann für sich allein stehen	Das Haus dort drüben ist rot.
Hilfsverb, das	Verb, das auch zur Bildung des Perfekts verwendet wird	haben, sein, werden
Infinitiv, der	Grundform des Verbs, ungebeugte Form des Verbs	gehen, schwimmen, spielen
Kasus, der	Fall	Nominativ, Genitiv, Dativ, Akkusativ
komparieren	steigern, vergleichen	hoch - höher - am höchsten
Komparativ, der	1. Vergleichsstufe (des Adjektivs); Steigerungsstufe, Mehrstufe	schön – *schöner* – am schönsten
konjugieren	beugen	ich *gehe*, du *gehst*, …, ich *ging*, du *gingst*, …
Konjugation, die	Beugung des Verbs, vgl. konjugieren	
Konjunktion, die	Bindewort, verbindet Satzteile oder Teilsätze	und, oder, aber, sondern, denn, als, bis, weil, wenn, obwohl, dass
Konjunktionalsatz, der	Nebensatz, der durch eine Konjunktion eingeleitet wird	Ich wünsche mir, *dass Paul mich heute abholt.*
maskulin	männlich	der Hund, der Kuchen
neutral	sächlich	das Kind, das Haus
Nomen, das	Substantiv, Namenwort, Dingwort, Hauptwort	Lisa, Ankunft, Tisch
Nominativ, der	Kasus (Fall); Wer-Fall, 1. Fall	der Mann – *die Männer*